贛文化通典

—— 書畫卷　上冊

代序

邵鴻

　　南昌大學鄭克強教授主編的《贛文化通典》即將出版。這部大書，是我期盼已久、很有意義的一項工作。自一九九四年江西出現贛文化研究熱潮以來，江西歷史和文化研究成績可觀，《贛文化通典》是又一新的重要成就，可喜可賀！克強索序于我，盛意不能不有所應命。近年我寫過好些綜論贛文化的文字，特別是在《江西通史》導論中有較系統的闡述，似乎沒有重複的必要。然而講贛文化，不能不從「贛」字說起，恰恰在這個基本點上，其實還有工作要做。因此，我想借此機會從辭源學的角度，把對「贛」字的兩點認識寫出來，命曰「說贛」，權充序言，為《贛文化通典》做一個開篇鋪墊並向大家請教。

　　第一個問題，關於贛字的起源和演變。

　　因為資料限制，這一問題曾難以解答。

　　在傳世文獻中，「贛」最早出現於春秋戰國時期。如孔門高足端木賜，字子貢，貢在古籍裡常寫成贛或贛，贛有賜予之意，名字正相配合。贛也常用作通假字，借為愚戇、戇直之戇。成書於戰國的《山海經‧海內東經》：「贛水出聶都東山。」郭璞注：「今贛水出南康南野縣西北，音感。」同書《海內經》：「南方有

贛巨人，人面長唇，黑身有毛，反踵，見人笑亦笑，唇蔽其面，因即逃也。」這兩條記載不僅是先秦古籍中「贛」字的實例，而且公認是與上古江西地區有關的史料。從此，贛就和江西有了不解之緣。

但在東漢許慎的《說文解字》裡，卻沒有贛字。與之相當的，是贛字，該書卷六：「䫜，賜也。從貝，贛省聲。𧵂，籀文贛。」清段玉裁注云：「贛之古義古音，皆與貢不同。」因為依據有限，段說並未得到廣泛認同。

近幾十年來，先秦秦漢時期的簡牘、帛書、璽印、銘刻等考古材料大量出現，古文字學界對贛字的認識有了決定性突破。從李家浩先生獨具慧眼破解「上贛君之諨璽」開始[1]，人們逐漸認識到，戰國時期贛字有𣤶、𣤶、贛、贛、贛等形體，基本構造是從章、從欠、從貝，欠亦為聲符。我們今天熟悉的贛字，實際上是「贛」、「贛」等形的訛變和俗體字[2]。後來贛一直有兩種讀音，一讀幹，一讀貢[3]，應與此有關。在此基礎上陳劍先生又發現，早在西周金文中已有贛字，作𣪊、𣪊等形，是一個會意字，像人以雙手賜予玉璋，意為賞賜。後來右邊的𣪊演變為欠，

---

1 李家浩：《楚國官印考釋》，《江漢考古》1984 年第 4 期。

2 參何琳儀《戰國古文字典 戰國文字聲系》下冊，第 1453-1455 頁；黃德寬《古文字譜系疏證》第四冊，第 4041-4043 頁；滕壬生《楚系簡帛文字編》增訂本，第 517 頁；李運富《楚國簡帛文字構形系統研究》，第 129-130 頁。

3 如《集韻》贛江之贛讀為古暗切，贛賜之贛讀為古洞切。

遂形成了贛字的早期形體「歆」[4]。陳說得到古文字學界較普遍
的認可，可以信據。由此可知，上古贛字字形、字音確不從貢，
許慎錄「贛」而非「贛」表現了大師的精審，但也有小誤，段
玉裁的有關見解則實屬卓識。

　　近期我對古文字材料中的贛字做了進一步考察，得出的認識
是：戰國及秦代相關諸字出現較多（特別是在數量頗豐的楚、秦
系簡帛文獻中），而「贛」字則尚未見[5]。從已知材料看，「贛」
字最早出現在西漢初年馬王堆漢墓帛書《春秋事語》中，用於子
貢之名。可能抄寫於西漢前期的定州漢簡《論語》，子貢也有寫
作「子贛」或「子贛」（當為贛的異體）的[6]。東漢碑銘中亦有
實例，如《譙敏碑》及熹平石經《論語》[7]。但漢代古文字資料
中「贛」字實例相對很少，馬王堆帛書裡贛字多作「贛」、
「贛」、「贛」等形，但「贛」僅上舉一例；《漢印文字彙》共收
入三十九個贛字，只有二個從貢，一作「贛」，一作「贛」；在
諸多漢簡及湖南長沙走馬樓三國簡資料中，贛也絕大部分從貝而

4　陳劍：《釋西周金文的「（贛）」字》，《北京大學古文獻研究所集刊》
　　（一），北京燕山出版社 1999 年版。

5　雲夢睡虎地秦簡《日書》中有一「贛」字，可能為「贛」字的或體，
　　待證。另新出湖南龍山裡耶秦簡中數見「贛」字，也很值得注意。

6　河北省文物考古研究所定州漢墓整理小組：《定州漢墓竹簡〈論語〉》
　　（文物出版社 1997 年版）。需要說明的是，該整理小組將簡本中十餘例
　　子貢、子贛全部隸定為「子贛」、「子贛」，但據公佈的部分摹本，實
　　際多數也作贛、贛之形，只有個別從貢。

7　據《隸釋》卷十四《石經〈論語〉殘碑》，「子贛」、「子贛」各三見。

不從貢。總的來說，西漢以來伴隨著隸書的發展，「贛」字出現漸多，但更流行的寫法仍然是從貝的「贛」、「贛」、「贛」等形。此外，「贑」雖已出現，但極少見（目前僅見一例，應為東漢之印）。

到魏晉時期，「贛」可能已成為普通寫法，「贑」字也流行起來。曾經引起「蘭亭序」真偽之爭的東晉贛令王興之、王閩之父子兩墓誌三見「贑」字[8]，這是六朝使用「贑」字以及已知最早將江西贛縣寫作「贑」的實例。此後，除了少數學者（如唐代開成石經《五經文字》和宋代《廣韻》的作者等），一般人已是只知有「贛」，不知其始了。

瞭解贛的本字和演變，不僅是解說贛文化的第一步，而且也有其他意義。比如由此可以更好地利用新出考古和古文字資料研究江西上古史，又比如我們可以知道，今天所見先秦兩漢乃至更晚古籍中的「贛」或「贑」字，其實是後來抄刻而成，並非本來面目。因而，自劉宋劉澄之以來聚訟一千數百年的「章、貢成贛（水）」之說的確是不能成立的[9]，反而是北宋歐陽忞《輿地廣記》先有贛水、後有章、貢的說法更值得重視。

第二個問題，以贛為江西簡稱始於何時？

江西稱贛，無疑因為縱貫全境的贛江之故。贛水至晚戰國已

8　南京市文物保管委員會：《南京象山東晉興之夫婦墓發掘報告》，《文物》1965 年第 6 期；南京市文物保管委員會：《南京象山 5 號、6 號、7 號墓清理簡報》，《文物》1972 年第 11 期。

9　劉說見《水經注》卷三十九引。

經得名，然而以「贛」代稱江西從什麼時候開始？這一問題向少討論，近來翻檢史料，發現這其實是很晚近的事情。

西漢初年，在今章、貢二水匯流處設贛縣，屬豫章郡。此後贛縣歸屬屢有變更，隋唐以來屬虔州，為州治。在很長時間裡，凡言贛、贛人，均指贛縣而言。如唐代著名書法家鍾紹京，《資治通鑑》卷二○九說他是「灨（贛）人」，新舊《唐書》本傳則說是「虔州贛人」[10]。又如蘇東坡謫貶北歸期間，與友人書信屢言「度嶺過贛」、「候水過贛」、「已到贛上」，又有名詩《八月七日初入贛，過惶恐灘》，「贛」也都是指贛縣和虔州州治之地。

宋高宗紹興二十三年（1153），以虔為虎頭不祥，改虔州為贛州。此後，「贛」更多的時候是指贛州（府）全境。試舉數例：

> 江西（風水）之法，肇于贛楊筠松、曾文辿。及賴大有、謝世南輩，尤精其學。（《王忠文集》卷二十，《叢錄》）
> 紹熙癸丑之秋，贛境大水，至浸于（信豐）縣鼓樓兩樟之間。（《夷堅志丙》卷一）
> 江西山皆至五嶺、贛上來，自南而北，故皆逆。（《朱子語類》卷二）

---

10 類似的例子如《九江記》（《太平御覽》卷四二五引）：「王植新，贛人也」；《資治通鑑》卷二六七：「（廖）爽，贛人也」；同書卷二七六：「匡齊，贛人也」，其實說的都是「虔州贛人」。

　　明正德十一年（1516），朝廷設「巡撫南贛汀韶等處地方提督軍務」，嘉靖四十五年（1566）定為南贛巡撫，下轄南安、贛州、韶州、南雄、汀州等府。清初延續，至康熙四年（1665）正式撤銷。這一時期並延及清代中後期，「贛」一般仍指贛州府境，但範圍有擴大的趨勢。贛州與原從虔州分出、清代又同屬嶺北道（後改贛南道）的南安，在稱謂上逐漸接近，「南贛」、「贛南」成為習語。因此，有時就有以贛代指南、贛情形出現。如《明儒言行錄》卷八：「贛人性矯野，（王守仁）為立十家牌法，作業出入有紀，又行鄉約，設社學，教郡邑子弟歌詩習禮⋯⋯嶺北風俗，為之丕變。」既云「嶺北」，顯然是指南、贛二府之地。又明《李友華墓誌》：「（萬曆中）巡撫南贛⋯⋯在贛十四年，威惠甚著」；《盛京通志》卷七十七《胡有升》：「（順治五年）以總兵出守南贛⋯⋯六年致仕，贛人思其德。」這裡單言的「贛」，則是包括南贛巡撫轄區而言了。

　　儘管內涵逐步擴大，但直至清後期，「贛」一直只是局促於江西南部一隅，並未成為全省概稱。歷史上，江西的概稱有豫章、江西、江右、西江等，元明時期隨著江西行省的設立，也稱江、江省，「江」成為江西簡稱[11]。清代朝廷詔奏及官方文書中

11　如元人虞集《貢院題名記》：「夫江省，所統郡二十，多以文物稱」；明歐陽鐸《黃鄉保築城碑》：「贛，江省邊邑也」；李振裕《與吉水王明府書》：「江省理學，海內所推」（以上引文均見同治《江西通志》的《藝文志》，該志類似例子很多，不俱引）。又清計六奇《明季北略》卷二十一《李邦華》：「今異增兵以扼險，江撫駐九江，贛撫駐吉安，以壯虎豹當關之勢。」可見當時「江」、「贛」之別是明顯的。

大量使用「江省」、「江境」、「江撫」、「江、閩」、「江、粵」等語，曾任江西巡撫的蔡士英有《撫江集》一書，說明清代仍然通行。

但「江」作為省稱，易與江蘇和黑龍江相混（清代兩省也可稱「江」或「江省」），因而最終未能持久通行，「贛」逐漸取代「江」成為江西簡稱。現在可斷言的是：清末江西稱贛已經普遍流行。檢《近代期刊篇目匯錄》[12]，最早有光緒二十三年（1897）十月初五日上海《集成報》轉載《申報》「贛省西學」報導，光緒二十七年（1901）有「贛撫被參」、「贛撫李議複新整事宜折」、「贛試不停」、「贛出教案」等報導，從此到光緒三十四年（1908），江西、北京、上海、南京、廣州、重慶、武昌、廈門、山東等地多種報刊關於「贛」省的報導多達 60 條，其後宣統時期短短三年亦近 60 條。複檢《清實錄》，咸豐、同治時期官方詔奏中「贛」仍然專指贛州或南贛，「江」則依舊為江西簡稱，至光緒二十九年（1903）「贛省」出現，以後不斷增多，迄光緒末共計 6 處；《宣統政紀》涉及「贛」省之文激增，多達 20 處。承廖聲豐博士協助檢索第一歷史檔案館所藏清宮中檔和軍機檔，情況和《實錄》相似。自光緒三十一年（1905）護理江西巡撫周浩就釐定江西營制章程上奏摺中首見「贛省」，此後亦逐漸增多。其他例子還有很多，如光緒三十年（1904）出版的《江西

---

12 南昌大學歷史系內部資料本，2005 年。

官報》已見「贛省」字樣[13]；光緒三十一年（1905）浙江發生「浙贛鐵路交涉」風波[14]；光緒三十三年（1907）江西鑄造發行贛字款銅元；三十四年（1908）七月，留日江西留學生創辦《江西》雜誌，萍鄉湯增璧作《警告全贛書》、《比較贛人與江浙人之對路事》、《贛事拾遺》等文[15]；同年江西洋務局汪鐘霖《贛中寸牘》印行，等等。這些例證均可證明，光緒末年「贛」稱已極普遍，而且民間較公文使用要更早一些。不過應指出的是，清末江西「江」的概稱並沒有立即被完全取代，而是與「贛」並用，入民國後才逐漸消失。

不言而喻，「贛」稱的流行一定不始於光緒末年，而應有一個發展過程。但究竟早到何時，則還需要研究。《清史稿》有以下三條有關記載：

《列傳》一五八《牛鑒傳》：

「（道光二十二年〔1842〕耆英等）合疏以保全民命為請，略曰：江甯危急，呼吸可虞，根本一摧，鄰近皖、贛、鄂、湘，皆可航溯。」

《列傳》二百七十七《王東槐傳》：

13　《江西官報》當年第十四期載黃大壎、陳三立等人關於創辦機器造紙公司的呈文，其中言及：「竊贛省土紙，實為大宗，而海關洋紙，日益進步。」

14　浙江同鄉會當年在日本印行《浙贛鐵路事件》一書（國家圖書館古籍部藏），對此有較詳記載。

15　參周年昌《湯增璧先生傳略與研究》，《中國民主革命的先驅——湯增璧》，甘肅人民出版社 2011 年版。

「（道光三十年〔1850〕奏言）若開礦之舉，臣曾疏陳不便，順天已停，而湘、贛等省試辦，驚擾百姓，利害莫測。」

《列傳》二百十《王拯傳》：

「（同治三年〔1864〕疏言）擬請飭贛、皖、楚、粵各疆臣，值此事機至緊，無論如何變通為難，總當殫竭血誠，同心共濟。」

按說有這幾條證據，本可以認為道、同間稱江西為「贛」已漸流行。但鑒於以下幾方面原因，我以為還有可疑。

其一，我翻檢了很多咸同時期的史料，未見江西稱「贛」確證；儘管說有易，說無難，特別是我的閱讀面相對於浩如煙海的同期史料當然還是太少，但問題是《實錄》和檔案材料也是如此，這就不能不慎重了。

其二，我一度認為是同治年間江西稱「贛」鐵證的趙之謙文獻被否定。同治十一年（1872）冬，著名學者和藝術家趙之謙到南昌，協助巡撫劉坤一撰修《江西通志》，光緒十年（1884）逝於江西。其間他在書信中多有談及在「贛」情形，並有《贛省通志》部分手稿存於上海圖書館[16]。但近詢該館有關人士，「贛省

16 近年文物拍品中有不少涉「贛」的趙氏手札，如「弟自到贛以來，終日衙參，一差未得，暫居客館，草草勞人」（西泠印社有限公司 2009 年春拍品，見博寶拍賣網）；「到贛兩年僅以志書一差，月薪不滿四十，一家八口何以支持」（中貿聖佳國際拍賣有限公司 2006 年春拍品，見同上）；「擬于初冬往贛，為稟到候補之急務也。吾哥如有信致贛，可預書就弟便帶去」（北京中漢 2011 年秋拍品，見中國收藏網）；「賀太尊定於正月初十日接首府印，大得蔣公心，到贛總在二月初間，

通志」四字非撝叔親筆，而是民國收藏者的題識；而當下拍賣會上出現的諸多趙氏涉「贛」書札，權威的趙之謙墨蹟集中不見著錄，公認真品的趙氏書札只說「江西」、「江省」、「江右」、「豫章」等，因而疑點甚多。筆者特請教清華大學古代書畫鑒定專家邱才楨博士，他斷然認為這些拍品全為低仿贗品。據此，以往著錄中個別涉「贛」的趙氏書信，也就難為信據了。

其三，《清史稿》成書於民國，編撰者往往用當時語言概括史料，包括詔奏文字。舉一個類似的例子，《德宗實錄》載：光緒二十九年七月護理江西巡撫柯逢時奏：「贛省義寧、新昌二州縣交界地方，有黃岡山，久經封禁。」同年《江西官報》上刊登了奏摺原文，詳盡很多，但這一段內容相同，唯「贛省」寫作「江西」。這顯然是宣統年間實錄館臣綜述奏摺時做了改動。因而，《清史稿》的上述三條材料，也就值得存疑了。至少，《牛鑒傳》一條明言「略曰」，說明經過作者概括而非原疏文字。

因此，江西簡稱為「贛」的約定俗成，可能還是光緒朝即十九世紀七〇年代以來的事情。我推測清末民初「贛」逐漸替代「江」成為江西簡稱的原因，應與電報的應用有關。因為費用的昂貴使電報文字大量使用簡稱，並且要求精確規範，不易誤解。

速則正月之杪」（上海鴻海商品拍賣有限公司 2010 年秋拍品，見博寶拍賣網）。又《悲庵手札真跡》上冊亦有一札云：「到省數月，未獲一差，日用應酬，支持不易。贛地之柴米，較吾浙價賤，惟房租甚貴」（民國十四年碧梧山莊石印本）。《贛省通志》稿本見《上海圖書館地方誌目錄》，1979 年自印本，第 289 頁；《上海圖書館藏明清名家手稿》，上海古籍出版社 2006 年版，第 74 頁。

鑒於電報在中國的流行正是一八七〇年代以後的事情，這一推測不為無據。我很希望，有更深入的研究可以證明或證誤我的觀點。但顯然，相比於許多省份，如蜀、粵、閩、晉、豫、皖、滇、黔、浙、陝等簡稱的確定均不晚於明代，江西稱贛是很晚的事情，距離現在僅百餘年。由此，「贛」也走完了它從小到大的歷史道路。

搞清贛作為江西簡稱的時間也是有意義的，至少讀古籍時可避免犯錯。比如，我們不能把古籍中絕大部分的「贛」當作江西看待；又如在清代檔案整理擬題或寫文章時，將清初江西稱為贛省、江西巡撫稱為贛撫也屬不夠嚴謹。此外，以贛稱來鑒別書畫文物，則是一種辨偽的有效手段。

兩點認識已如上述。以考據文章代替序言，似乎不合常規。但我想，上述心得對贛文化研究應有裨益，故而還是大膽寫出，以供批評。同時我想說，對贛字的考察讓我聯想到：對於絢麗多彩、豐富深厚的江西歷史和文化來說，不僅研究天地極為廣闊，而且可能還有許多實屬基本的問題仍待關注和解決。研究者需要更加腳踏實地，勤奮努力，細緻深入，堅持不懈，才能把研究做到佳境，臻於一流。這是我所熱切期望於南昌大學各位朋友的。

二〇一一年最後一日于京華

序

周文斌

　　煌煌鴻制的《贛文化通典》即將付梓刊行，鄭克強教授主其事，並囑我作文以序之。這部大書，由數十位南昌大學的同仁參與編撰，是教育部「211」重點專案「贛學」的標誌性成果。由此我想起了孔憲鐸教授在《我的科大十年》中所說：「現代研究型的大學，多有三個功能：教學、研究和服務社會。為此科大要求所有的教員既要是教學的良好的教師，又要是研究的優秀學者，也要是對香港乃至中國南部的經濟和社會發展有貢獻的好公民。三者合而為一，缺一不成。」[1]南昌大學作為江西省最重要的高等教育機構，在江西省無疑是一個高層次人才聚集的淵藪。我們的教師隊伍，同樣既要做教學的良師，又要做研究的優秀學者，同時也要做對江西省及周邊地區經濟和社會發展有貢獻的好公民。

　　在世界範圍內，所有優秀的公立大學都將公共服務作為重要的辦學宗旨，比如美國最好的公立大學——加州大學伯克利分校

1　孔憲鐸：《我的科大十年》，北京大學出版社 2004 年版，第 1 頁。

就明確提出辦學宗旨為「教學、研究和公共服務」[2]，注重在公共服務中樹立良好形象，加強大學與社會的全面聯繫，尤其注重為加州的經濟發展和社會進步服務。這部《贛文化通典》可以視為南昌大學的同仁為總結發掘江西古老而豐富的文化遺產所做的一點實績。在邵鴻教授的序文中，就贛學和贛文化情況進行了精彩的闡述，在此本人毋庸贅言。我想借此機會著重談兩方面的問題：一是談談南昌大學的歷史使命；二是就現代教育理念，談談學科建設與公共服務的關係。

有人說贛文化是中國文化隱性的核心和支柱，善隱厚重，堅韌質樸。當我們用歷史的眼光感受深沉的江西文化，不能不正視推動獨具特色的贛文化精神形成的一支重要力量，那就是在中國教育史和思想史上赫赫有名的江西書院。書院產生于唐代，源于私人治學的書齋與官府整理典籍的衙門[3]，後來成為藏書、教學與研究相結合的中國古代特有的高等教育機構和文化學術思想交流的中心。書院既是一個教育機構，又是一個學術研究機構，中國歷代文人在書院這一相對獨立自由的環境裡，碰撞智慧，傳承思想，同時完成了古代中國文化教育和人才培養的歷史使命。江西自古重教崇文，素有「文章節義之邦」的美譽，這在某種程度上得益於江西曾有中國古代最為發達的書院文化。自宋代至明代，江西能夠成為中國的一個文化重地，與書院講學之風大興不

2　hpp：//www.berkeley.edu/about/〔EB/OL〕.

3　鄧洪波：《中國書院史》，東方出版中心 2004 年版，第 49 頁。

無關係。江西書院「肇于唐，盛于宋」，跨越千年。從唐代「開元盛世」開始，江西就有了中國歷史上最早的書院之一，此後江西書院代有增置，據考證，有學者認為江西古代書院足有千餘所之多，鼎盛時期求學人數達數千人。清代學者李漁曾在《興魯書院記》中說：「江西名書院甲於天下」，聞名全國的書院就有白鹿洞、豫章、濂溪、白鷺洲、象山、鵝湖、懷玉、東湖書院等，不勝枚舉。江西書院數量之多，規模之大，教育品質之高，社會影響之大，在我國古代書院一千多年的歷史中獨領風騷。從教育者的眼光來看，眾多的江西書院中值得一提的是位於江西廬山五老峰南麓、被譽為「天下書院之首」的白鹿洞書院。南宋理學家朱熹重修白鹿洞書院，自兼洞主之後，為書院建立了嚴格的規章制度。朱熹以理學教育家的觀點，在總結前人辦學所訂規制的基礎上，制訂了《白鹿洞書院揭示》，即「父子有親，君臣有義，夫婦有別，長幼有序，朋友有信⋯⋯博學之、審問之、慎思之、明辨之、篤行之⋯⋯」提出了書院教育的指導思想、目標、教育內容、教育方法等，是中國古代書院學規的典範，隨即為江西和全國各地眾多書院所借鑒或採用，是中國教育史上最早的教育規章制度之一，並被後代學者認為是中國古代書院制度化、規範化的重要標誌。以書院學規為總的教育方針，朱熹在白鹿洞書院開展了多種形式的教學活動，包括「升堂講學」、「互相切磋」、「質疑問難」、「展禮」等，書院師生於相互問難辯詰之中，優遊山石林泉之間，促進學術，傳承文化。

歲月流逝，一百多年以前，近代中國在探索強國振興的道路上選擇了完全移植西方的大學制度。在晚清學制改革的大潮中，

為了急於擺脫「無裨實用」的傳統教育制度，清政府採取了取消書院，以便集中人力財力，發展新教育的「興學至速之法」，不無遺憾地拋棄了中國傳統的書院文化。幸而跨入新世紀的今天，書院文化又一次進入中國學人的研究視野，並日益受到各方重視。正如清華大學老校長梅貽琦先生所言：「今日中國之大學教育，溯其源流，實自西洋移植而來，顧制度為一事，而精神又為一事。就制度言，中國教育史中固不見有形式相似之組織，就精神言，則文明人類之經驗大致相同，而事有可通者。」[4]在完善現代意義上的中國大學制度方面，傳統的學院精神應有其獨特的位置和作用。

南昌鍾靈毓秀，是贛都文明重要的發源地。兩千多年以來，南昌一直都是贛文化的中心，來自江西各地的才子們彙聚南昌，走向全國，成就了兩宋以來光輝燦爛的江西文化。身處其中，南昌大學應該繼承江西書院文化的優良傳統，自覺肩負起傳承、繁榮、發揚贛文化的歷史使命。

如果說歷史悠久、博大厚重的傳統書院文化為南昌大學的發展進步提供了豐富的精神食糧，那麼，立足二十一世紀的南昌大學還必須擁有以現代教育理念改造自身、積聚力量，並為中國現代化進程貢獻片瓦，為社會進步提供智識支援和人才支持的決心和勇氣。

南昌大學是一個學科齊全的綜合性大學，對於這類大學，著

4 梅貽琦：《大學一解》，《清華學報》第 13 卷第 1 期，1941 年 4 月。

名的教育家克拉克‧科爾（Clark.kerr）定義為「多功能大學」
（multi-versity），與先前人們熟知的單一功能大學（Uni-versity）
相區別。這類大學的功能有三項：首先，大學生產知識，培養有
創造性的人才，提供專業和基礎訓練，從事社會服務是其基本職
責。其次，大學還與知識消費相關：包括創造通識教育機會，創
造和維持一個充滿活力和興趣的校園。提供社會關愛，如醫療、
諮詢和指導。第三，與公民教育相關，促進社會進步和公正是教
育的責任[5]。在一個全省人口總數達四四〇〇餘萬的區域裡，作
為江西省唯一的一所江西省人民政府和教育部共建的國家「211
工程」重點建設大學，南昌大學有責任，也有能力為全省及周邊
區域提供優良的高等教育資源，使有志青年得到富有競爭力和創
造力的教育，從而成為國家建設的有用人才。

　　學科建設是高等學校的一項基礎性、全域性、戰略性的系統
工程，是學校建設的核心內容。創建綜合性大學，必須正確處理
學科建設中「基礎學科」與「應用學科」的關係，立足于培養高
素質的複合型人才的需要，合理選擇和規劃學科的發展。科學發
展和協調發展是南昌大學在培養人才方面的優勢，我們一方面要
使學生學好專業知識，還要發揮綜合性大學門類齊全、學科交叉
的優勢，通過文理工醫等多學科的整合教育、通識教育，充實學
生的文化底蘊，提高學生的綜合素養，將專業教育與學生的人格

---

5 轉引自馬萬華《從伯克利和北大清華》，教育科學出版社 2004 年版，
　　第 16 頁。

塑造、個性培養、世界觀、價值觀的完善結合起來，體現知識、能力與人格間的和諧統一，促進學生的全面發展。

　　作為一所輻射全省的地方性高等院校，南昌大學還應該積極利用地方資源進行學科建設，打造富有地方特色的優勢學科，從而更好地為區域經濟發展和文化建設服務。從當前高等教育發展的潮流看，大學為地方服務已成為共識與發展趨勢。「現在需要用一種新的觀點來看待高等教育，這種觀點要求把大學教育的普遍性與更多適切的必要性結合起來，以對社會對其功能發揮的期望作出回應，這一觀點不僅強調學術自由和學校自治的原則，而且同時強調了高等教育必須對社會負起責任。」[6]以科學發展的眼光來看，大學不僅是進行知識傳授和科學研究的中心，更是參與社會變革乃至於引導社會進步的重要因素。地方性院校只有更加關注地方的現實發展，以提供公共服務的姿態積極參與地方區域建設，才能更好地實現自身價值，謀得更為廣闊的發展空間。

　　「所謂大學者，非謂有大樓之謂也，有大師之謂也。」借此機會，我祝願未來的南昌大學大師雲集、學術豐厚；希望昌大人不僅勤於個人「檢束身心，砥礪品性」，且懷一顆拳拳報國之心，以自己的專業所長，服務社會，造福人民。謹為序。

6 聯合國教科文組織：《國際發展戰略（1991）》。

前言

　　江西書法最早可追溯到東晉，自東晉建都建康，政治、經濟、文化重心南移，江西成為中原士族南遷的主要定居地，經濟文化得到迅速發展，興學重教蔚然成風。東晉陶侃等人濡染翰墨，成為江西文化史上早期的書法家。唐代鍾紹京是著名的書法家，他的傳世小楷名作《靈飛經》最負盛名。

　　宋代是江西文化最輝煌的時期，也是江西書法的頂峰時期，不僅書家數量多，而且出現了若干個堪稱書法世家的家族書法群體，如劉敞、曾鞏、王安石、黃庭堅、朱熹、楊萬里、周必大、王應辰等家族，形成了父子、兄弟甚至親戚同為書家的盛況。其中，歐陽修、朱熹、姜夔在書法理論上很有建樹，黃庭堅在書法理論和書法創作上成就巨大，名列「宋四家」，他們的成就達到了宋代江西書法的頂峰，影響極為深遠。

　　元代江西儒學、道教興盛，書法家主要有儒士、道士兩類。儒士書法家多是飽學之士，其中不少人曾在翰林院任職；道士書法家集中在貴溪龍虎山。盛熙明《法書考》是元代一部出色的書論彙編，饒介是元代江西成就最高的書法家。

　　明代江西書法大致可以分為三個時期：從明初洪武到成化年

間（1368—1487）為前期，從弘治到隆慶年間（1488—1572）為中期，從萬曆到崇禎年間（1573—1644）為後期。前期江西書法家數量最多，而影響力較大的書家是那些供職翰林、官至尚書的朝廷重臣，如危素、胡儼、解縉、楊士奇、金幼孜、胡廣等，其中解縉的書法成就最突出。中期江西書法家數量較多，而影響力較大的書家是那些著名的理學家，如羅欽順、王守仁、羅洪先、羅汝芳等；中期值得稱頌的女書法家是婁妃。後期江西書法家數量較少，且多為學者或畫家，他們在明朝走向滅亡之際，保持著高尚的民族氣節。明代家族書法群體，值得一提的是危素、何喬新、傅瀚等家族。

清代及近現代時期，江西書法家數量沒有宋、元、明三代那樣多，但湧現出了一些富有創造性和影響力的書法家，如朱耷、李瑞清、舒同、陶博吾等。而朱耷、羅牧、陳衡恪、傅抱石等人精通繪畫，以繪畫技法融入書法，為書法藝術的創新做出了重要貢獻。

此外，自東晉政權南移，江西因離當時的國都建康較近，得天時地利，經濟文化逐步走向繁榮，並成為東晉、南朝許多權貴重臣任職或封賞的地方；唐、宋以來，不僅有許多外省籍官員到江西任職，而且有不少外省籍的僧人、道士隱居于江西的青山綠水之間。這些外省籍的官員、隱士，成為江西歷代書法的又一組成部分。本書選錄歷代在江西為官或隱居的外省籍書法家，介紹他們在江西為官或隱居的情況及書法特徵和傳世代表作品，並按時代順序置於各章最後一節中。

江西境內的廬山、麻姑山、通天岩、梅關古道等地保留了不

少古代名人書法石刻，其中盧山堪稱書法石刻寶庫，唐代顏真卿在南城書丹刻石的《麻姑仙壇記》，全稱《有唐撫州南城縣麻姑山仙壇記》，是中國書法史上的瑰寶。江西境內留存的古代名人題寫的匾額也很豐富，有待於收集。

江西繪畫最早只能追溯到唐代，唐代孫魴之父是第一個進入我們視線的江西籍畫工。五代時，南唐畫家董源、巨然均為江西鐘陵（今江西進賢）人，兩人先後開創了以「淡墨輕嵐」之景為主的南方山水畫派，對後世山水畫家產生了極大的影響，畫史上將他們並稱「董巨」。

宋代江西畫壇沒有出現一流的大師，但以畫龍見長的陳容和以畫梅著名的楊無咎是當時非常活躍的江西籍畫家。元代江西籍著名畫家有方從義，其山水畫體現了元代文人以書畫寄興的時代精神。

明代全國畫壇的重要特點就是流派紛呈，但江西畫壇發展緩慢，沒有出現領袖群倫的大畫家，這種情況一直持續到清代。清代江西畫壇出現了一個高峰期，其中羅牧和江西畫派的成就十分引人注目，而八大山人朱耷則是畫史上濃重而豔麗的一筆，其淡墨花鳥風格獨特，影響巨大而深遠。近現代江西畫壇堪稱名師輩出，陳師曾、傅抱石就像是兩顆耀眼的星星，永遠閃耀在畫史上。

本書上編為江西書法，下編為江西繪畫，上、下兩編均按朝代分章，每章有簡短的概述。其中一流的書家、畫家單列一章，二流的書家、畫家單列一節，三流以下的書家、畫家若干人合為一節，以求重點突出，眉目清楚。在介紹書家、畫家的創作特色

時，盡可能配上作品圖片，以增強直觀性和審美效果。全書撰稿分工如下：前言，上編第一章，第二章中的第二、四、五節，第三章，第四章第三節中的饒介、第四節，第四章第四節，第五章中的第三、四、五、六節，第六章，均由文師華執筆；上編第二章第一、三節由童孟遙執筆；第四章第一節由周于飛執筆；第四章第二節由黃紅春執筆；第五章第一、二節由程嫩生執筆。上編由文師華負責統稿和選錄圖片，其中凡是童孟遙、周于飛、黃紅春、程嫩生四人初稿中未能涉及的書法家條目，均由文師華補寫並補充圖片。下編由戴曉雲、戴小靜撰稿，由戴曉雲負責統稿和選錄圖片。

江西美術出版社的黃潤祥先生、星子縣的陶勇清先生、贛州市的劉顯族先生以及研究生馮玲同學為本書提供了部分珍貴的圖片，文邁原同學承擔了書法圖片的加工處理工作，在此一併致謝。

編撰《江西書畫》是一項篳路藍縷的工作，雖然數易其稿，但難免會存在諸多不足之處，敬請學者同仁和廣大讀者批評指正。

編者

二〇一二年六月於南昌大學

目錄

上篇　　江西書法

下篇 江西繪畫

上篇 ——

江西書法

東晉至唐五代的江西書法

江西書法最早可追溯到東晉，自東晉建都建康，政治、經濟、文化重心南移，江西成為中原士族南遷的主要定居地，經濟文化迅速得到發展，興學重教蔚然成風。東晉陶侃等人濡染翰墨，成為江西文化史上早期的書法家。唐代鍾紹京是著名的書法家，他的傳世小楷名作《靈飛經》最負盛名。

第一節 ▶ 陶侃等江西籍書法家

東晉至唐五代，江西籍書法家有陶侃、熊遠、張野、胡諧之、韓覃、吳彩鸞、盧肇、李少鴻、盧安期、宋齊丘、顏誗等。

陶侃（259-334），字士行，本鄱陽人，吳平，徙家廬江潯陽。初為武岡令。荊州刺史劉弘辟為南蠻長史、江夏太守，遷武昌太守，以破杜弢功，進寧遠將軍、南蠻校尉、荊州刺史。因為王敦所忌，左轉廣州刺史、平越中郎將。及王敦平，遷都督荊、雍、益、梁州諸軍事，征西大將軍，荊州刺史。平蘇峻之亂，以功都督江州，移鎮武昌。封長沙郡公。謚桓。工書。唐張懷瓘《書斷》卷下謂侃書亞于王濛。唐竇臮《述書賦・上》評云：「肌

骨閑媚，精神慢舉。」《晉書》卷六十六有傳。

熊遠（生卒年不詳），字孝文，晉豫章（今江西南昌）人。舉為孝廉，歷任寧遠護軍、主簿、散騎常侍、禦史中丞、侍中、會稽郡（治今浙江紹興市）內史等官職，後拜太常卿，加散騎常侍。他為官清正，屢進忠言，是晉元帝司馬睿十分倚重的大臣。熊遠擅長正書，唐竇臮《述書賦·上》曰：「孝文剛斷，謹正援毫。古體雖拙，今稱且高。如貴冑之躍駿，武賁之操刀。」[1]著有《熊遠集》十二卷。《晉書》卷七十一有傳。

張野（350-418），字萊民，潯陽柴桑人。與陶淵明有婚姻契，學兼華梵，尤善屬文。累征不就，入盧山。宋鄭樵《通志·金石略》載，《惠遠法師碑》，謝靈運文，張野書。《蓮社高賢傳》中有傳。

胡諧之（443-493），豫章南昌人。南朝宋武帝時封爵關內侯，累官扶風太守、遷散騎常侍，太子右率，加給事中度支尚書、衛尉等，諡肅。善行書。唐竇臮《述書賦·上》以其書與顧寶先相論，曰：「論骨氣而胡壯，驗精神而顧峻。」《南齊書》卷三十七、《南史》卷四十七皆有傳。

韓覃（生卒年不詳），唐武則天時人，自號盧山林藪人，官揚州兵曹參軍。玄宗開元朝召為麗正院校書，遷萊州別駕，坐誣告刺史流遠方。宋趙明誠《金石錄》載，唐《大行禪師玄德幢

---

1 華東師範大學古籍整理研究室：《歷代書法論文選》，上海書畫出版社1979 年版，第 241 頁。

銘》，韓覃撰並行書。

　　吳彩鸞（生卒年不詳），唐豫章武寧人。吳真君猛之女，文宗太和中嫁為進士文蕭之妻。蕭拙於為生，彩鸞小楷書《唐韻》，一部市五千錢為糊口計。相傳二人後皆仙去。《宣和書譜》卷五謂御府藏彩鸞正楷《唐韻》十三帖，論云：「字畫雖小而寬綽有餘，全不類世人筆。當於仙品中別有一種風氣。」元虞集《道園學古錄》云：「世傳吳仙所寫《唐韻》，皆硬黃書之。紙素芳潔，界畫精整，結字遒麗，皆人間之奇玩也。」又有《題吳彩鸞所書唐韻》詩云：「豫章城頭寫韻軒，繡簾窣地月娟娟。尋常鶴唳霜如水，書到人間第幾篇？」《唐韻》，墨蹟本，紙本，縱二十七點二釐米，橫四十四點六釐米。楷書，全冊計三十八幅。臺北「故宮博物院」藏。《唐韻》用筆澀而暢，點畫在楷書中參以隸法，遒勁生動，結體方中帶扁，字形雖小，而寬綽有餘。縱觀全篇，顯露出特有的姿媚和靈秀渾逸的神韻。（圖1-1）

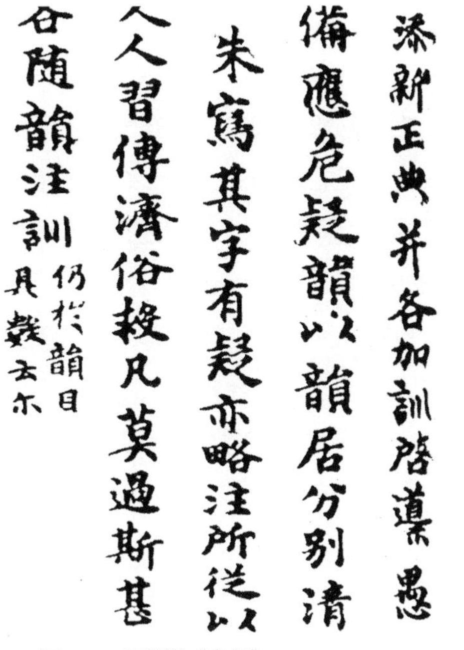

　　盧肇（生卒年不詳），字子發，唐袁州宜春人。武宗會昌三年

▲ 圖1-1　吳彩鸞《唐韻》

（843）登進士，除著作郎，遷倉部員外郎，充集賢院直學士。懿宗咸通中出為歙州刺史，曆宜、池、吉三州卒。工文翰，通筆法。唐林蘊《撥鐙序》謂肇書受教於韓愈，曰「撥鐙」，又授于林蘊。明陶宗儀《書史會要》卷五稱肇「工於書札」。宋趙明誠《金石錄》載，唐《定州文宣王廟記》，大中十三年（859）盧肇撰並正書。

李少鴻（生卒年不詳），唐懿宗時人。清孫星衍、邢澍《寰宇訪碑錄》卷四載，《虔州雩都縣福田寺三門記》，楊知祈述，李少鴻正書，咸通三年（862）九月，在江西雩都（治所即今江西於都縣）。

盧安期（生卒年不詳），唐袁州宜春人。盧肇子弟。唐林蘊《撥鐙序》自言嘗師于盧安期。

宋齊丘（887-959），五代南唐豫章人，字子嵩。好學有大志，工屬文，尤喜縱橫長短之說，烈祖（李昇）為升州刺史，奇其才，以國士待之。及李昇受禪，自右丞相進司徒，心懷不平，出為鎮南節度使。李煜立，召拜太保中書令，坐植黨罷，意快快，請隱歸九華山，從之，賜號九華先生。再起為中書令，封楚國公。齊丘好權利，植朋黨，矜功忌能，有言其謀纂者，乃放歸九華山，自縊卒。齊丘為文有天才，自以古今獨步，書法亦自矜衒而嗤鄙歐、虞之徒。諡繆醜。有文集《玉管照神經》。書跡有《鳳凰台詩刻》。

顏詡（生卒年不詳），南唐永新（今屬江西）人，兄弟數人侍繼母，以孝聞名。宋馬令《南唐書》卷十五云：顏詡，魯郡公真卿之後，唐末徙居木川。雅辭翰，謹禮法，多循先業。迨末

年，一門百口，家法嚴肅，男女異序，少長敦睦。子侄二十餘人，皆服儒業。每延賓侶寓門下者，常十數。詡晨暮延揖，飲饌燕笑，未嘗不躬自接對。詡聞子弟有與賓客戲者，未嘗面責，手寫韋昭《博弈論》署於屋壁，使之自愧。

第二節 ▶ 鍾紹京與《靈飛經》

鍾紹京，唐虔州（今江西贛州）人，生卒年不詳，字可大，鍾繇後裔。曾做過司農錄事，唐中宗景龍年間（707-710）拜中書令，封越國公。唐玄宗開元十五年（727）至少詹事，年逾八十卒。因為他是鍾繇後裔，又擅書法，人稱「小鍾」。《舊唐書》本傳稱：「則天時明堂門額、九鼎之銘，及諸宮殿門榜，皆紹京所題。」張懷瓘《書斷》說他嗜書成癖，「不惜大費，破產求書。計用數萬貫錢，惟市得右軍行書五紙，不能致真書一字」。他家藏的王羲之、獻之、褚遂良真跡有數十百卷。鍾紹京是初唐後期著名的書法家，他的書法師承薛稷，筆意瀟灑，風姿秀逸，傳世名作有《升仙太子碑碑陰題名》《轉輪王經》《靈飛經》等，而《靈飛經》最負盛名。

《靈飛經》（圖1-2），道經名，今《道藏》中有《上清瓊宮靈飛六甲左右上符》及《上清瓊宮靈飛六甲籙》二書，合稱《靈飛經》。唐人節取其文，書為《靈飛經》帖。今所傳者，題為大唐開元二十六年（738）玉真長公主奉敕檢校寫。據明董其昌跋

云，元代袁桷定為唐鍾紹京書。[2]後人沿用此說。

一、《靈飛經》帖流傳的情況

關於《靈飛經》帖流傳的情況，啟功先生在《記〈靈飛經〉四十三行本》一文中說：《靈飛六甲經》是一卷道教的經，在明代晚期，發現一卷唐代開元年間精寫本，它的字跡風格和磚塔銘一派非常相近，但毫鋒墨彩卻遠非石刻所能媲美。當時流入董其昌手，有他的題跋。海甯陳氏（元瑞）刻《渤海藏真》叢帖，由董家借到，摹刻入石，兩家似有抵押手續。後來董氏又贖歸轉賣，鬧了許多往返糾紛。《渤海藏真》摹刻全卷時，脫落了十二行。董氏贖回時，陳氏扣留了四十三行。從這種抽頁扣留的情況看，脫刻十二行也可能是初次抵押時被董氏扣留的，後來又合

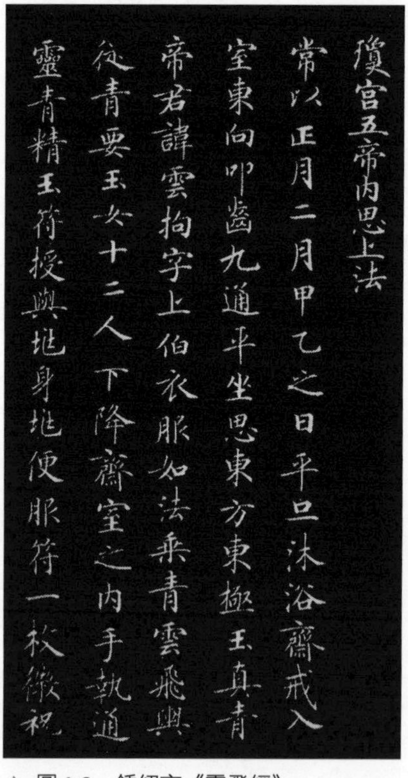

▲ 圖 1-2　鍾紹京《靈飛經》

2　《辭源》，商務印書館 1990 年版，第 3348 頁。

又分，現在只存陳氏所抽扣的四十三行，其餘部分已不知存佚了。

在清代，《靈飛經》又成了文人士子學習小楷的極好範本。於是《渤海藏真》初拓遂成稀有珍品。原石又因捶拓漸多，不斷泐損，隨著出現了種種翻刻本。《滋蕙堂帖》翻刻的筆劃光滑，又偽加趙孟頫跋，在清代中期曾成為翻本的首領，事實卻是翻本中的劣品，和《渤海藏真》的原貌相離更遠。

清嘉慶年間，嘉善謝恭銘得到陳氏抽扣的四十三行，刻入《望雲樓帖》，刻法與《渤海藏真》不同。不但注意筆劃起落處的頓挫，且比《渤海藏真》本略肥。凡是看過敦煌寫經的人都容易感覺《望雲樓帖》可能比較逼真，而《渤海藏真》可能有所失真。

陳氏抽扣的四十三行在清代後期歸了常熟翁同龢，從影印文恭公翁同龢的《瓶廬叢稿》所記中，得知在翁家已歷三代。20世紀末，翁同龢的玄孫翁萬戈先生曾到北京過訪啟功先生，將翁家世藏珍品的《靈飛經》攝影件相贈，後又將四十三行《靈飛經》真跡發表在一九八七年一月第四十三期的《藝苑掇英》上，世人始見廬山真面目。四十三行《靈飛經》原帖的影印出版，是原帖書寫一千二百多年後的第一次昭示世人，實是書法界一件盛事。

在談到「四十三行《靈飛經》原帖」的價值時，啟功先生說：

　　世間事物沒有十分完美無缺的，看這四十三行，總不免

有不見全文的遺憾。但從另一角度看《渤海》也不是真正全文，它既無前提，也不知它首行之前還有無文字，中間又少了十二行，也是較少被人注意的。如從「嘗鼎一臠」的精神來看這四十三行，字字真實不虛，沒有一絲刀痕石泐，實遠勝於刻拓而出的千行萬字。而《渤海》所缺的十二行，即是這四十三行的最後十二行，拿它與《渤海》全本合觀，才是賞鑒中的一件快事。

從啟功先生的考證推測中可知，今天我們能見到的《靈飛經》有刻帖本和唐開元間墨蹟寫本兩類。刻帖本主要有明代海甯陳元瑞《渤海藏真帖》、清代惠安曾恒德《滋蕙堂帖》等，而以《渤海藏真帖》為最；常熟翁同龢所藏的《唐代開元年間墨蹟寫本》僅存四十三行，且直到一九八七年才公之於世。

把《唐代開元年間墨蹟寫本》四十三行與《渤海藏真帖》中的《靈飛經》進行對照，可以發現，開元墨蹟寫本中「上清六甲」至「死為下鬼」一段，按其內容，似乎應在《渤海藏真帖》刻本「甲寅」至「太玄之文」一段之後，但刻本卻缺此十二行。開元墨蹟寫本中「行此道」至「一旦失所在」這三十一行的文字內容，則與《渤海藏真帖》刻本完全一致。

從明清直至現代，《渤海藏真帖》一直是人們學習小楷的優秀範本，其影響遠遠大於《唐代開元年間墨蹟寫本》四十三行。陳元瑞《渤海藏真帖》中的《靈飛經》，初拓本「齋室」二字完好無損，該本被啟功先生收藏。一九八四年，文物出版社將啟功先生所藏的《渤海藏真帖》中的《靈飛經》初拓本影印出版。本

書以文物出版社的影印本為藍本，並將《唐代開元年間墨蹟寫本》四十三行影印件全部附錄於後，讓讀者瞭解其全貌。

二、《靈飛經》帖的內容

就道經內容而言，《渤海藏真帖》中的《靈飛經》包括《瓊宮五帝內思上法》《靈飛六甲內思通靈上法》《上清瓊宮陰陽通真秘符》。

《瓊宮五帝內思上法》內容是：修煉者在規定的月份、日子裡入室齋戒，先叩齒九次，端正地坐好，心裡分別冥想東、南、西、北、中五方之帝和十二位神女降臨齋戒者的房中，向齋戒者傳授通靈玉符。齋戒者服下符籙後，輕聲禱告一番，希求進入神仙境界。禱告之後，吞氣若干次，慢慢結束修煉活動。

《靈飛六甲內思通靈上法》的內容是：修煉者在六個逢甲的日子，即甲子、甲戌、甲申、甲午、甲辰、甲寅之日，按規定，分別用黑色、黃色、白色、朱色、丹色、青色書寫「一旬上符」，分別向北方、太歲星、西方、南方、本命星、東方叩拜，叩齒十二次，迅速服下「一旬上符」，接著誦念《瓊宮五帝內思上法》。然後冥想太玄宮、黃素宮、太素宮、絳宮、拜精宮、青要宮的神女手拿虎形符籙，共同乘坐鳳車、鸞車，降臨到卜兆者的身上。祈求吉兆的人便在心裡分別誦念甲子、甲戌、甲申、甲午、甲辰、甲寅「一旬玉女」的名字。這時，十位神女降臨到卜兆者的身上，祈求吉兆的人再叩齒，吞津液。完畢之後，輕聲禱告一番。祈禱完畢，才睜開眼睛，結束修煉的動作。

《上清瓊宮陰陽通真秘符》的內容是：修煉者在甲子、甲

戌、甲申、甲午、甲辰、甲寅之日服飲上清太陰符、太陽符的方法，禱告文辭及注意事項。

自古以來，道教提倡氣法養生、靜功養生、房中術、符咒養生等多種養生方法。所謂符咒是符籙與咒語的縮略語，而符籙是符和籙的合稱。符是指書寫於黃色紙、帛上的筆劃屈曲、似字非字、似圖非圖的符號、圖形；籙是指記錄於諸符間的天神名諱秘文，一般也書寫於黃色紙、帛上。道教認為，符籙是天神的文字，是傳達天神意旨的符信，用它可以召神劾鬼，降妖鎮魔，治病消災。在運用符籙治病時，可以將符籙燒化後溶於水中，讓病人飲下；或將符籙緘封，令病人佩帶。咒術是道教應用咒語祈請神明、詛咒鬼蜮的一種方術。在運用於治病方面，有各種各樣咒語，如「咒水治咽喉咒」「治寒病咒」「安魂定魄咒」等。從現代醫學的角度看，道教所實施的符咒養生療法，實質上是精神療法、暗示療法、氣感療法、藥物療法和物理療法等的綜合運用。瞭解符咒養生的特點之後，我們可以肯定地說，《靈飛經》所講的是以符籙為主、吞氣為輔的養生方法。[3]

要讀懂《靈飛經》，還需要瞭解「五帝」、甲子紀年紀日法等有關的文化知識。

「五帝」，又稱五老，早期道教尊奉的五方之帝，即東方青靈始老，號曰蒼帝，又叫青帝，從神甲乙；南方靈丹真老，號曰

3　詹石窗《道教與中國養生智慧》北京：東方出版社 2007 年版，第 363-365 頁。

赤帝，從神丙丁；中央元靈元老，號曰黃帝，從神戊己；西方皓靈皇老，號曰白帝，從神庚辛；北方五靈玄老，號曰黑帝，從神壬癸。五老（五帝）的名號、形態、功能，體現了早期道教對五方之氣的神化和崇拜。五老（五帝）其實就是五氣的符號象徵，故而崇拜五老可以看作是對五氣養生作用的一種神學方式的肯定。**4**

甲子紀年紀日法：古人用「甲乙丙丁戊己庚辛壬癸」這十個天干與「子丑寅卯辰巳午未申酉戌亥」這十二個地支按順序相配，即天干迴圈六次，地支迴圈五次，構成六十個干支，稱為六十花甲。六十干支按順序如下：甲子、乙丑、丙寅、丁卯、戊辰、己巳、庚午、辛未、壬申、癸酉、甲戌、乙亥、丙子、丁丑、戊寅、己卯、庚辰、辛巳、壬午、癸未、甲申、乙酉、丙戌、丁亥、戊子、己丑、庚寅、辛卯、壬辰、癸巳、甲午、乙未、丙申、丁酉、戊戌、己亥、庚子、辛丑、壬寅、癸卯、甲辰、乙巳、丙午、丁未、戊申、己酉、庚戌、辛亥、壬子、癸丑、甲寅、乙卯、丙辰、丁巳、戊午、己未、庚申、辛酉、壬戌、癸亥。六十干支不僅用於記年，而且用於記日。《靈飛經》中「甲乙之日」「丙丁之日」「戊己之日」「庚辛之日」「壬癸之日」，均指六十日中逢甲、乙、丙、丁、戊、己、庚、辛、壬、癸這十個天干與十二個地支相組合的日子。以「甲乙之日」為

4 詹石窗《道教與中國養生智慧》北京：東方出版社 2007 年版，第 213-214 頁。

例，分別有六個甲日（即甲子、甲戌、甲申、甲午、甲辰、甲寅），六個乙日（即乙丑、乙亥、乙酉、乙未、乙巳、乙卯）。其餘以此例推。

三、《靈飛經》帖的書法特徵

從書法藝術的角度看，鍾紹京的小楷名作《靈飛經》，無論是唐代開元年間墨蹟寫本四十三行，還是《渤海藏真帖》刻本，都具有很高的價值。該帖用筆溫雅，結體綿密，無一失筆，無一點火氣，是楷書中的精品。宋代曾鞏《元豐類稿·襄州遍學寺禪院碑》說：紹京「字畫妍媚，遒勁有法」。明代董其昌《畫禪室隨筆·臨鍾紹京書跋後》評曰：紹京書「筆法精妙，回腕藏鋒，得子敬神髓。趙文敏正書實祖之」。清代包世臣《藝舟雙楫》稱紹京書「如新鶯，矜百囀之聲」。[5]《靈飛經》的筆法源自王羲之、王獻之，而又改削了王書的斜側稚樸，顯得十分成熟、精巧、完美，給人以「增之一分太長，減之一分太短」的分寸感和法度感。董其昌在題跋中說，他得到此帖時，自己正在書寫《法華經》，「既獲此卷，每寫經輒先展閱一過，于古人墨法筆法似有所會」。《靈飛經》的特點可以概括為三個方面：一是用筆細緻精妙，一絲不苟，提按從容不迫，轉折頓挫均非常到位。橫畫平，豎畫直，很多字都有作為主筆的長橫長豎，構成穩定的視覺

5　轉引自西中文《〈靈飛經〉臨寫指南》河南美術出版社 2007 年版，第
　　1 頁。

中心；鉤畫、捺畫都寫得豐滿縱逸，遇到筆劃較少的字，往往把筆劃寫得粗壯豐滿；有些筆劃起筆處順勢落紙，寫成尖鋒，與圓筆、方筆形成對比。二是結體平正寬博，以放為主，舒而不散，尤其是在結體的收放關係上掌握得恰到好處。三是章法貫氣，平正的筆劃和字體構成十分連貫的行氣中軸線，使每行的氣勢十分通貫，行距整齊劃一，每行字數大致趨同，充分體現了作者把握疏密縱斂的章法技巧。此帖在章法安排上，安詳寬舒，通貫暢達，每字的高寬比約為 1：1，字寬與行寬也大約是 1：1，字形與字間距離之比約為 5：1 左右。這種字距與行距的安排在小楷中顯得比較寬鬆。元代趙孟頫、明代文徵明及董其昌、當代啟功等書法名家都曾受到此帖的影響。學習小楷從此帖入手，可以養成用筆嚴謹的良好習慣。

《升仙太子碑碑陰題名》，在武則天所書《升仙太子碑》碑陰中截，鍾紹京書於神龍二年（706），楷書。石在河南偃師縣東南的緱山仙君廟，日本《書道全集》（八）刊入。其書法遒勁有力，端莊秀妍，十分可觀。

第三節 ▶ 東晉至唐五代在江西為官或隱居的外省籍書法家

一、東晉（按生年順序排）

東晉在江西為官或隱居的外省籍書法家有王敦、郗鑒、應詹、庾亮、王羲之、王允之、庾翼、郗愔、傅夫人、謝安、王凝

之、王操之等。

王敦（266-324），字處仲，小字阿黑，琅邪臨沂（今山東臨沂北）人。東晉初權臣，王導從兄，娶晉武帝司馬炎女襄城公主為妻。早年任給事黃門侍郎，王衍薦為青州刺史，東海王司馬越掌權時，任為揚州刺史。司馬睿移鎮建業，召為軍諮祭酒，後任揚州刺史、都督征討諸軍事。與王導共同扶植司馬氏的江東政權，消滅不從命的江州刺史華軼，鎮壓以杜弢為首的荊湘流民起義，進位鎮東大將軍、開府儀同三司，加都督江、揚、荊、湘、交、廣六州諸軍事，江州（今江西九江）刺史，封漢安侯，掌握長江中上游的軍隊，統轄州郡，貢賦入己，將相官吏多出其門，專擅朝政，威脅晉室。晉元帝司馬睿既畏懼又嫌惡，重用劉隗、刁協等與之抗衡，任命劉隗為鎮北將軍，戴淵為征西將軍，名義上北討石勒，實則防禦王敦。永昌元年（322）正月，王敦以誅隗翦惡為名在武昌（今湖北鄂州）起兵，攻入建康，殺戴淵、周、刁協，劉隗投奔石勒。朝廷以敦為丞相、江州牧，晉

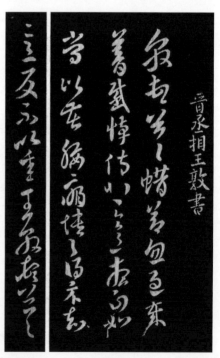

▲ 圖1-3　王敦《蠟節帖》

爵武昌郡公，還屯武昌。當年元帝病死，明帝即位，在脅迫下手詔征敦入朝輔政。敦自武昌移鎮姑孰（今安徽當塗），以王導為司徒，自領揚州牧，不久病重。太寧二年（324）明帝下令討伐。王敦以兄王含為元帥，使錢鳳等率兵三萬攻建康，明帝親率六軍抗拒。敦病卒，戮屍懸首南桁。《晉書》卷九十八有傳。王敦工書法，唐張懷瓘《書估》列其為第三等，與謝安、王導等同列。《宣和書譜》卷十四云：「敦初以工書得家傳之學，其筆勢雄健。」《淳化閣帖》卷二有王敦草書《蠟節帖》，四行四十一字。（圖1-3）

　　郗鑒（269-339），字道徽，高平金鄉（今山東嘉祥縣南）人。東晉大臣。博覽經籍，以儒雅著名。晉元帝時，為兗州刺史，加輔國將軍、都督兗州諸軍事。晉明帝太寧元年（323），拜安西將軍、兗州刺史、都督揚州江西諸軍事，假節鎮合肥。為王敦所忌，征還。王敦之亂平定後，遷車騎將軍，都督徐、兗、青三州軍事，兗州刺史，鎮廣陵。成帝即位，進車騎大將軍。蘇峻之亂，鑒登壇流涕，誓師勤王。事平，加侍中，封南昌縣（今屬江西）公，進太尉。卒，謚文成。《晉書》卷六十七有傳。王敦工書法，唐張懷瓘《書斷》卷下評郗鑒書法曰：「太尉草書卓絕，古而且勁。」《書估》列為第三等，與謝安、王導等同列。唐李嗣真《書後品》列郗鑒書品上之下，云：「超邁過於羊欣。」《宣和書譜》卷十四云：「鑒以草書稱，古勁超絕，後所不能窺其藩籬。」又云：「下筆剛決，略無留滯，厚實深沉，豐茂弘麗，而不乏風神。」謂御府藏其草書《蘭陵帖》。《淳化閣帖》卷二有郗鑒行楷《孝性帖》（災禍帖），五行四十三字。（圖1-4）。

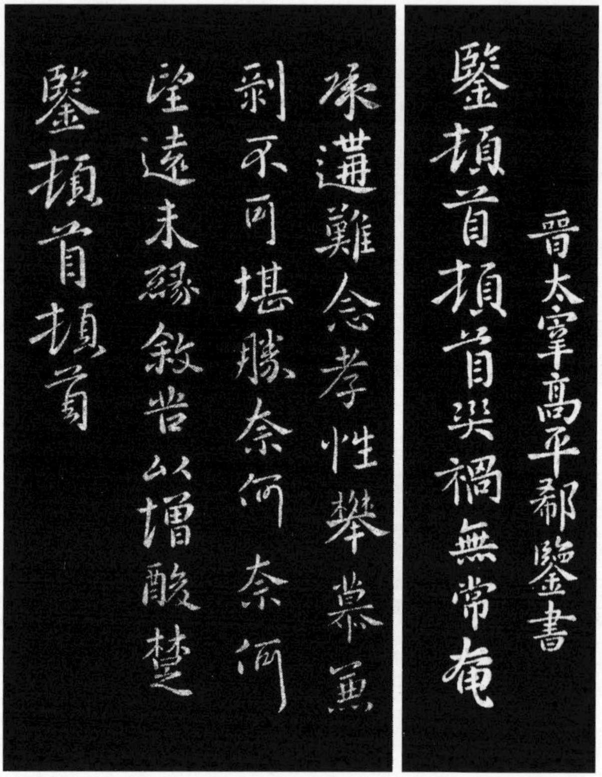

▲ 圖1-4　郗鑒《孝性帖》

　　應詹（279-331），字思遠，汝南南頓（今河南項城）人。弱冠知名，初辟公府，為太子舍人。劉弘請為鎮南長史，遷南平太守。後劉隗請為鎮北軍司，累遷光祿勳。王敦之亂平定後，封觀陽縣侯，遷使持節都督江州諸軍事、平南將軍、江州（今江西九江）刺史。卒，諡烈。相傳他與陶侃破杜弢于長沙，雖金寶溢目，一無所取，唯收圖書。《晉書》卷七十有傳。應詹擅長章草，唐竇臮《述書賦·上》評曰：「真率天然，忘情罕逮，猶群

雀之飛廣廈，小魚之戲大海。」

　　庾亮（289-340），字元規，潁川鄢陵（今屬河南）人。喜談論，性好老、莊學說。東晉初，拜中書郎，侍講東宮。明帝即位，任中書監，加左衛將軍，封永昌縣開國公。太寧三年（325）明帝卒，庾亮為中書令，與王導共輔六歲太子司馬衍（晉成帝）繼位，加給事中，徙中書令。庾太后臨朝，政事決斷於亮。咸和九年（334）六月，庾亮以帝舅身份繼陶侃之後為征西將軍，鎮武昌，都督江、荊、豫、益、梁、雍六州諸軍事，領江州（今江西九江）、荊州、豫州三州刺史。卒，贈太尉，諡文康。《晉書》

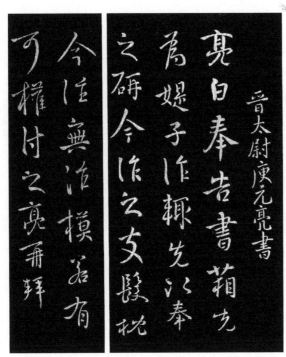

▲ 圖1-5　庾亮《書箱帖》

卷七十三有傳。庾亮工行草書，南朝梁庾肩吾《書品》列為品中之下。唐韋續《墨藪·九品書人論》列為上之下品。唐竇臮《述書賦·上》評庾亮書曰：「強骨慢轉，逸足難追。翰斷蓬征，施蔓葛垂。任縱盤薄，是稱元規。」唐張懷瓘《書估》列庾亮書入第四等，與羊欣、孔琳之等同列。《淳化閣帖》卷三有其行草《書箱帖》，五行三十七字。（圖1-5）

王羲之（303-361），字逸少，琅琊臨沂（今屬山東）人。十一歲時，隨叔父王廙南渡，抵達建康，晚年定居會稽山陰（今浙江紹興）。祖父王正，官尚書郎；父親王曠，官淮南郡太守；伯父王敦，官鎮東大將軍；伯父王導，官拜丞相；叔父王廙，官輔國將軍。王羲之就出生在這樣一個豪門大族和書香之家。二十歲時，被當朝太尉郗鑒選為佳婿。他初為秘書郎，而立之年，征西將軍庾亮請為參軍，累遷長史，江州刺史。最後官至右軍將軍，會稽內史，世稱「王右軍」。《晉書》卷八十有傳。

王羲之任江州（今江西九江）刺史時（345-347），曾置宅於臨川郡（治在今江西撫州市）城東高坡，名曰新城（今撫州市臨川區文昌學校內），宅內挖有生活用井和練習書法用的洗墨池，對此南朝劉宋時期著名文學

▲ 圖1-6　王羲之《臨川帖》

家、臨川內史荀伯子的《臨川記》有記述，宋代曾鞏《墨池記》沿用荀伯子的說法。在《王羲之集》中有兩則與臨川相關的信札，一則曰：「墳墓在臨川，行欲改就吳中，終是所歸。」[6]另一則名《臨川帖》，收入宋代《淳化閣帖》卷六，曰：「不得臨川問，懸心不可言。子嵩之子來，數有使，冀因得問示之。」（圖1-6）表達了對臨川的牽掛情懷。

王羲之的書法教師有兩個：一為衛夫人，一為王廙。他七歲跟衛夫人學書，得正書的技法。十餘歲至二十歲，改師叔父王廙，得眾體之技法。二十歲以後，博採前代名家之長，精研筆法體勢；草書多取法張芝，真書得力於鍾繇，增損古法，裁成新意，一變漢魏樸質書風，創始妍美流便的今體。

王羲之的楷書作品有小楷《樂毅論》《黃庭經》《東方朔畫像贊》三篇，筆勢精妙自然，結體平正疏朗，寓瀟灑於方正之中，現飄逸於工整之外。

王羲之作為一個書法革新家，其主要成就表現在行書和草書方面。其行書代表作有《蘭亭集序》《姨母帖》《喪亂帖》《二謝帖》《得示帖》《孔侍中帖》《頻有哀禍帖》《快雪時晴帖》《平安帖》《奉桔帖》等，均為唐代摹本。在這眾多的行書法帖中，反映出王羲之兩種不同的風格：一曰古質，一曰流便。《姨母帖》（圖1-7）為第一類，這是王羲之早期的作品，其結體和用筆都

---

6 嚴可均：《全上古三代秦漢三國六朝文》第四冊，河北教育出版社1997年版，第255頁。

還存有較濃厚的隸書筆意。《喪亂帖》（圖1-8）等為第二類，這是王羲之晚年的作品，行筆流便，雍容酣暢，與《姨母帖》書風迥然不同。特別是《快雪時晴帖》，被清代乾隆皇帝列為「三希」之首。王羲之留下的行書作品中，還有一種特殊的由後人「集字」而成的書法作品——《懷仁集王羲之書聖教序》（簡稱《聖教序》）。此帖不僅是彙集王羲之字跡的寶庫，也是歷代研習王氏行書書法的範本。

王羲之在草書

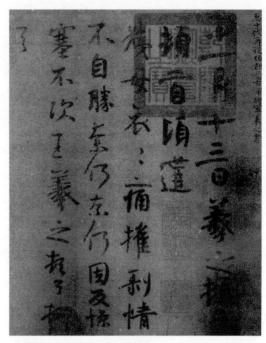

▲ 圖1-7 王羲之《姨母帖》

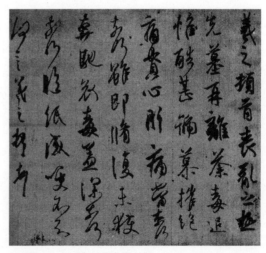

▲ 圖1-8 王羲之《喪亂帖》

方面直追張芝，並創造了「今草」這一新的書體，其特點為：剔除隸波，化筆勢的橫張為縱引，連綿的筆劃引向下字，筆勢起伏跌宕，形態舒卷多狀，特別是連筆的映帶延綿，表現得十分明確。王羲之寫今草，時常把筆勢擴大到單字以外，一筆寫出幾個字，並由兩個或三個單字的形態集約為「字群結構」，使草書的表現性獲得更大的空間。其草書代表作有《初月帖》《行穰帖》《遠宦帖》《十七帖》等。唐太宗《晉書・王羲之傳論》稱王羲之的字「盡善盡美」，首開獨尊王字的先河。唐李嗣真《書品後》稱王羲之為「書之聖」。王羲之書法就像孔孟、老莊思想那樣深入人心，其影響至今不衰。

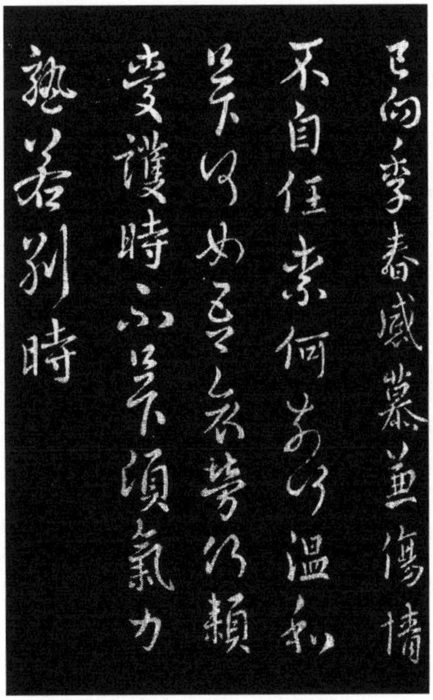

▲ 圖 1-9　庾翼《已向季春帖》

王允之（303-342），字深猷，琅琊臨沂（今山東臨沂）人，丞相王導從弟王舒的兒子。成帝咸和年間，蘇峻反，允之討賊有功，封番禺縣侯，除建武將軍、錢塘令，領司鹽都尉。咸和末，除宣城內史、監揚州江西四郡事、建武將軍。咸康中，進號西中郎將、假節。尋遷南中郎將、江州（今江西九江）刺史。終衛將軍、會稽內史。未到，卒，諡忠。《晉書》卷七十六有傳。南

朝宋羊欣《采古來能書人名》謂允之「善草、行」。唐張懷瓘《書估》列其書入第四等，與羊欣、薄紹之等同列。唐張懷瓘《書斷》卷下謂允之「善草、隸」。

庾翼（305-345），字稚恭，潁川鄢陵（今屬河南）人。庾亮弟。初辟為陶侃太尉府參軍，累遷從事中郎，歷鄱陽（今屬江西）太守、西陽太守、南郡太守。咸康六年（340）庾亮死後，代鎮武昌，都督江、荊、司、雍、梁、益六州諸軍事、安西將軍、荊州刺史。進征西將軍，領南蠻校尉。卒，謚肅。《晉書》卷七十三有傳。

庾翼書法初與王羲之齊名。南朝齊王僧虔《論書》稱：「庾征西翼書，少時與右軍齊名，右軍後進，庾猶不忿。在荊州與都下書云：『小兒輩乃賤家雞，皆學逸少書，須吾還，當比之。』」後來，其兄庾亮得王羲之書，翼見後乃大服。唐張懷瓘《書斷》卷中列其隸、章草、草書入能品。唐竇臮《述書賦‧上》稱：「積薪之美，更覽稚恭。名齊逸少，墨妙所宗。善草則鷹搏隼擊，工正則劍鍔刀鋒。愧時譽之未盡，覺知音而罕逢。」宋米芾《書史》謂庾翼書「筆勢細弱，字相連屬」。（《四庫全書》本）《宣和書譜》卷十五謂御府藏其草書《步征帖》、行書《盛事帖》。《淳化閣帖》卷三有庾翼楷書《故吏從事帖》，7行60字；行書《已向季春帖》，五行四十字。（圖1-9）

郗愔（312-384），高平金鄉人。字方回。郗鑒子。父死，襲爵南昌公。征拜中書侍郎。性簡默，無處世意，與姊夫王羲之、高士許詢並有邁世之風。以疾去職，築宅章安，修黃老之術。後出為會稽內史。卒贈侍中、司空，謚文穆。善章草、隸、草書

（即今草）。南齊王僧虔《論書》云：「郗愔章草，亞於右軍。」梁武帝《古今書人優劣評》云：「郗愔書得意甚熟，而取妙特難，疏散風氣，一無雅素。」南梁庾肩吾《書品》列郗愔書品中之上。唐李嗣真《書後品》列為上之下品。唐張懷瓘《書斷》卷中論郗愔書云：「其法遵於衛氏，尤長於章草，纖穠得中，意態無窮。筋骨亦勝。」列其章草為妙品，隸、草書為能品。唐竇臮《述書賦·上》云：郗愔「章健草逸，發體廉稜。若冰釋泉湧，雲奔龍騰」。《晉書》卷六十七有傳。《淳化閣法帖》卷二有郗愔草書《九月七日帖》，五行，三十六字。（圖 1-10）另有《廿四日帖》（二行二十字）、《遠近帖》（三行十六字）、《敬豫帖》（四行二十七字），均收於《淳化閣帖》卷二。

▲ 圖 1-10　郗愔《九月七日帖》

　　傅夫人（生卒年不詳），晉司空郗愔妻，工書。南梁庾肩吾《書品》列傅夫人書為品下之下，云：「遺跡見珍，餘芳可折。誠以驅馳並駕，不逮前鋒，而中權後殿，各盡其美。」（《歷代書法論文選》91頁）唐韋續《墨藪·九品書人論》列其書品下之上。

　　謝安（320-385），字安石，祖籍陳郡陽夏（今河南太康），徙居浙江紹興。大名士謝尚從弟，少以清談知名，初次做官任著作郎僅月餘便辭職，之後隱居在會稽郡山陰縣（今紹興）東山的別墅裡（今紹興），常與王羲之、孫綽等遊山玩水，並且承擔著教育謝家子弟的重任。四十餘歲時，謝氏家族朝中人物盡數逝去，他才東山再起。桓溫請他擔任司馬。晉孝武帝時，謝安為尚書僕射，領揚州刺史，進中書監，封建昌縣（今江西永修）公。在太元八年（383）東晉抗擊前秦苻堅的淝水之戰中，謝安臨危受命，派其弟謝石為前線大都督，命其侄謝玄為先鋒，親授方略，以八萬兵力打敗了號稱百萬的前秦軍隊，以功進太保。戰後功名太盛被皇帝猜忌，往廣陵避禍。病卒，贈太傅，封盧陵郡（今江西吉安）公，謚文靖。《晉書》卷七十三有傳。

　　謝安善行書、隸書，南朝齊王僧虔《論書》云：「謝安亦入能流，殊亦自重，乃為子敬書稶中散詩。」南朝梁庾肩吾《書品》列謝安書品中之上。唐孫過庭《書譜》云：「謝安素善尺牘，而輕子敬之書。子敬嘗作佳書與之，謂必存錄。安輒題後答之，甚以為恨。」唐李嗣真《書後品》列謝安書品中之中，贊曰：「縱任自在，有螭盤虎踞之勢。」唐張懷瓘《書斷》卷中以其隸、行、草為妙品。唐竇臮《述書賦·上》稱：「能事雅量，

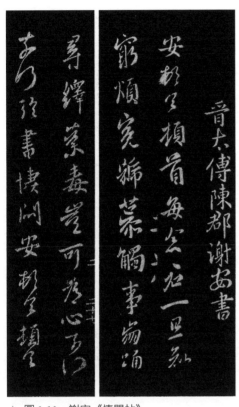

▲ 圖 1-11　謝安《悽悶帖》

末歸安石，至夫蘊虛靜，善草正，方圓自窮，禮法拘性。」明張丑《清河書畫舫》卷一下引宋米芾《謝帖贊》稱謝安書「不餂不羲，自發淡古」。《宣和書譜》卷七謂御府藏謝安書《近問帖》《善護帖》《中郎帖》。《淳化閣帖》卷二有謝安行草《悽悶帖》（每念帖），四行四十一字。（圖 1-11）另有《六月廿六日帖》，六行六十七字。

王凝之（？-399）

字叔平，琅琊臨沂（今山東臨沂）人。王羲之次子，謝安的兄長謝奕之女謝道韞的丈夫。歷任江州（今江西九江）刺史、左將軍、會稽內史等。深信五斗米道，孫恩攻打會稽時，他不聽手下進言，不設防備，禱告後相信已請得「鬼兵」助陣，因而與諸子一同遇害。《晉書》卷八十有傳。凝之善草書、隸書，唐張懷瓘《書估》列凝之書為第四等，與羊欣、孔琳之等同列。宋黃庭堅《山谷集》卷二十八《跋法帖》云：「凝之字法最密，恨不多

見。」（《四庫全書》本）《淳化閣帖》卷三有王凝之行書《庾氏女帖》，七行六十字。（圖 1-12）

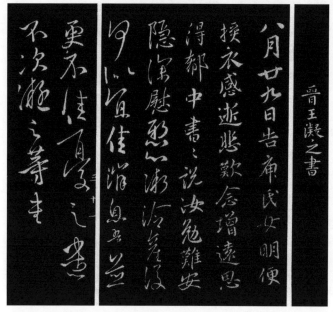

▲ 圖1-12　王凝之《庾氏女帖》

王操之（生卒年不詳），字子重，琅琊臨沂（今山東臨沂）人。王羲之第六子，母親為郗氏，擅長於草隸。王操之參加過永和九年（353）那次著名的蘭亭集會，歷任秘書監、侍中、尚書、豫章（治在今江西南昌市）太守等職。《晉書》卷八十有傳。唐張懷瓘《書斷》卷中稱王操之「工草、隸」書。《書估》列為第四等，與羊欣、孔琳之等同列。《淳化閣帖》卷三有王操之行書《年光帖》，三行二十九字。（圖 113）

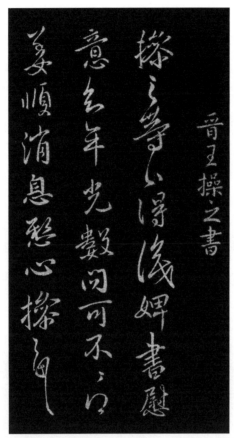

▲ 圖1-13　王操之《年光帖》

二、南朝（按生年順序排）

南朝在江西為官或隱居的外省籍書法家有劉穆之、謝靈運、龐秀之、王儉、王思玄、到撝、宗測、沈約、王儉、劉慈斐、張孝秀、王規、徐陵、陳伯仁等。

劉穆之（360-417），東莞莒縣人。字道和，小字道民，一作

小字道人。忠心輔助宋武帝劉裕，官至左僕射、領監軍、中軍二府軍司。卒贈侍中、司徒，封南昌縣侯。宋武帝即位後追封南康郡公，諡文宣。善隸、草書，裁有閒暇，手自寫書。相傳宋武帝劉裕書素拙，穆之謂曰：「但縱筆為大字，一字徑尺無嫌。大既足有所包，且其勢亦美。」南梁庾肩吾《書品》列其書品下之中，評曰：「雖未窮字奧，書尚文情。披其叢薄，無非芳草，視其涯岸，時有潤珠，故能遺斯紙以為世玩。」唐竇臮《述書賦・上》評曰：「道和閒雅，離古躡真，慢正由德，高蹤絕塵。若昂藏博達之士，謇諤朝廷之臣。」《淳化閣法帖》卷三有劉穆之草書一帖，六行，五十二字。《宋書》卷四十二、《南史》卷十五有傳。《淳化閣法帖》卷三有劉穆之行草書《推遷帖》（家弊帖），六行五十二字。（圖1-14）

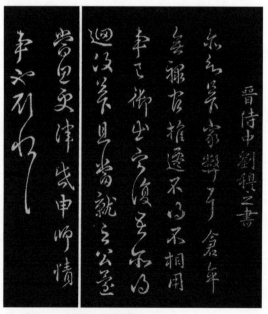

▲ 圖1-14　劉穆之《推遷帖》

謝靈運（385-433），陳郡陽夏人。小字客兒。襲封康樂公，人稱謝康樂。官至永嘉太守、臨川內史。少好學，博覽群書。工書畫，善詩賦。宋文帝稱其詩與書為二寶。書學王獻之。或謂謝靈運母劉氏，子敬之甥，故靈運能書，而特多王法。時中書雜書中有獻之所上表章，靈運摹臨亂真，因以己所書易其本，人莫能辨。南梁庾肩吾《書品》列其書下之上品。唐李嗣真《書後品》列中之下品。唐張懷瓘《書斷》卷中列其隸、草書為妙品。論曰：「真草俱美，石韞千年之色，松低百尺之柯。雖不逮師，歙風吐雲，簸蕩川嶽，其亦庶幾。」竇臮《述書賦・上》評其書為「快利不拘，威儀或擯。猶飛湍激石，電注雷迅」。《宣和書譜》卷十六云：「學王羲之，真、草俱造其妙。」（《歷代書法論文選》128 頁）而南齊王僧虔《論書》則云：「謝靈運書乃不倫，遇其合時，亦得入能流。」傳世書跡有《王子晉贊》《古詩帖》《翻經台記》等。有《謝康樂集》。《宋書》卷六十七、《南史》卷三十三皆有傳。

龐秀之（？-454），河南人。曆官梁州、江州、徐州刺史，太子右衛率。善正書，宗法二王父子。唐竇臮《述書賦・上》雲：「二王變古，法有所屬。兢兢秀之，斂翰謹束。如仙童樂靜，不見可欲。」參見《宋書》卷七十八《蕭思話傳》。

王儉（452-489），琅琊臨沂人。字仲寶。生而父僧綽遇害，為叔父僧虔所養。襲封豫甯侯。齊高帝時，改封南昌縣公。累官至侍中、中書監、太子少傅，領國子祭酒、衛軍將軍、開府儀同三司。諡文憲。工書，博學多才，唯以經國為務，手筆典裁，為時所重。唐竇臮《述書賦・上》云：「仲寶同夫季舒（劉），署

名莫窺牆仞。」（《歷代書法論文選》249 頁）宋陳思《書小史》謂其「善正書」。儉多所撰著，據《隋書‧經籍志》載，有《喪服古今集記》三卷、《禮答問》三卷、《禮義答問》八卷、《吊答儀》十卷、《百家集譜》十卷、《宋元徽元年四部書目錄》四卷等。《南齊書》卷二十三、《南史》卷二十二皆有傳。

王思玄（生卒年不詳），生卒年不詳，琅琊（今山東臨沂）人。生活在南朝宋代，曾任南康（治在今江西贛州）太守。工書。唐竇臮《述書賦‧上》曰：思玄書法「穩厚而無法度，淳和而蓄鋒芒，猶君子自適，順時行藏」（《歷代書法論文選》247頁）。宋陳思《書小史》謂其「善行草」。

到撝（433-490），字茂謙，彭城武原（今江蘇邳州西北戴莊鎮鵝鴨城）人。南朝宋驃騎將軍到彥之孫，驃騎從事中郎仲度子。襲爵建昌（今江西永修）公。仕宋、齊兩朝。齊永明元年（483），加輔國將軍，轉御史中丞。後任臨川王驃騎長史、司徒左長史，遷五兵尚書，出為輔國將軍、盧陵王中軍長史。《南齊書》卷三十七、《南史》卷二十五有傳。到才調流贍，工行書。唐竇臮《述書賦‧上》評其書曰：「壯而不密，騁志恒俗，輕師謨，任縱欲，如勇夫格獸，徑越林麓。」宋陳思《書小史》稱其善行書。

宗測（？-495），字敬微，一字茂深，南陽涅陽（今河南鎮平）人。宗炳孫，世居江陵。工書，善畫人物故事，一遵祖法。少不仕，南朝齊永明三年（485）詔征，不就。後往盧山，住在其祖父炳舊宅永業寺，並自圖《阮籍遇孫登》於行障上，坐臥對之，又畫《永業寺佛影台》，皆為妙作。《南齊書》卷五十四、

《南史》卷七十五皆有傳。宗測以善畫出名，亦善書，頗好音律，善《易》《老》，著有《衡山》《廬山記》。唐張彥遠《歷代名畫記》卷九稱他「性善書畫，傳其祖業」。

沈約（441-513），字休文，吳興武康（今浙江湖州德清）人。出身於門閥士族家庭，歷仕宋、齊、梁三朝。梁武帝時，為尚書僕射，封建昌（今江西永修）侯，遷尚書令。卒，諡隱。沈約篤志好學，博通群籍，擅長詩文，與謝朓齊名，人稱「永明體」。著有《晉書》《宋書》《齊紀》《高祖紀》《邇言》《諡例》《宋文章志》，並撰《四聲譜》。作品除《宋書》外，多已亡佚。《梁書》卷十三、《南史》卷五十七皆有傳。《宣和書譜》卷十七稱沈約：「作草字亦工，大抵胸中所養不凡，見之筆下者皆超絕。」又謂禦府藏其草書《今年帖》。

劉慧斐（478-536），字文宣，彭城（今江蘇徐州）人。少博學，能屬文。初為安成王法曹行參軍，後在回京途中路過潯陽，遊於廬山，過訪處士張孝秀，相見甚歡，遂有終老廬山之志。於是辭官，居於東林寺。又於山北構園一所，號曰離垢園，時人乃謂為離垢先生。慧斐善書法，工篆隸，尤明釋典，在山手寫佛經二千餘卷，常所誦者百餘卷。晝夜行道，孜孜不怠，遠近欽慕之。《梁書》卷五十一、《南史》卷七十六皆有傳。

張孝秀（481-522），字文逸，南陽宛（今河南南陽宛城區）人。少仕州為治中從事史。後為建安王別駕。不久，去職歸山，居於東林寺。有田數十頃，部曲（私家軍隊）數百人，率以力田，盡供山眾，遠近歸慕，赴之如市。孝秀性通率，不好浮華。博涉群書，專精釋典。善談論，工隸書，凡諸藝能，莫不明習。

《梁書》卷五十一、《南史》卷七十六皆有傳。

　　王規（492-536），琅琊臨沂人。字威明。王儉孫，王騫子。好學有口辯，州舉秀才，郡迎主簿，累遷太子舍人、太子洗馬，襲封南昌縣侯，除中書黃門侍郎，後於鐘山宋熙寺築室居住，累召，辭疾不拜。規為北周工書人王褒之父。《新唐書》卷一一六《王傳》謂武后嘗就王方慶求羲之書，方慶獻累代祖父書跡，凡二十八人，中有王規書跡。《梁書》卷四十一、《南史》卷二十二皆有傳。

　　徐陵（507-583），字孝穆，東海郯（今山東郯城）人。博涉史籍，有口才。梁武帝時，任東宮學士，為當時宮體詩人。入陳後歷任尚書左僕射，中書監等職。西元五六九年，他參與罷黜了廢帝陳伯宗，扶立了陳宣帝，被封為建昌縣（今江西永修）侯。卒，諡章。《陳書》卷二十六、《南史》卷六十二皆有傳。徐陵文章奇豔，與庾信齊名，並稱「徐庾」，與北朝郭茂倩並稱「樂府雙璧」。善正書，唐竇臮《述書賦·下》評其書曰：「孝穆鄙重，剛毅任拙，猶偏裨武夫，膽勇智怯。」

　　陳伯仁（生卒年不詳），字壽之，南朝陳吳興長城（今浙江長興）人，陳文帝第八子。文帝天嘉六年（565），立為廬陵（治在今江西吉安）王。累官平北將軍、南徐州刺史。至加侍中、國子祭酒，領太子中庶子。《陳書》卷二十八、《南史》卷六十五皆有傳。伯仁善草書，唐竇臮《述書賦·下》評曰：「伯仁軟慢，尺牘近鄙。」

三、唐五代

　　唐代五代在江西為官或隱居的外省籍書法家有韋同、顏真卿、顧況、王仲舒、于邵、羅讓、韓愈、沈傳師、白居易、李舍、戎昱、李德裕、陸長源、吳丹、杜牧、李渤、獻上人、李璟、馮延巳等。

　　韋同（生卒年不詳），唐京兆杜陵（今陝西西安東南）人。官洪州（治在今江西南昌市）都督。工八分書。宋趙明誠《金石錄》載，《沙州司馬楊榮碑》，神龍二年（706），元伯儀撰，韋同八分書。

　　顏真卿（709-785），字清臣，京兆萬年（今陝西臨潼）人，祖籍琅琊（今山東臨沂）。開元二十三年（734）舉進士，登甲科，調醴泉尉，遷監察御史。由於秉性剛直，遭奸相楊國忠排擠，天寶十二載（753）出任平原（治所在今山東德州）太守。安祿山叛亂，他在平原首舉義旗，並被推為河北一帶十七郡盟主，聯絡其兄顏杲卿（常山太守）等，合兵二十萬，抵抗安祿山叛軍，名重朝野，人稱「顏平原」。肅宗朝，顏真卿初為刑部尚書，歷同州、蒲州、饒州（治在今江西鄱陽）、升州刺史，入京為刑部侍郎。上元元年（760）謫守蓬州為長史。代宗朝，官尚書右丞，刑部尚書，封魯郡開國公，世又稱「顏魯公」。永泰二年（766）遭權相元載排斥，貶峽州別駕，改吉州（今江西吉安）司馬。大曆三年（768）起為撫州（今江西撫州）刺史，遷湖州刺史。後入京為刑部尚書、吏部尚書。德宗朝，任太子少師、太子太保。建中三年（782）李希烈叛亂，第二年，奸相盧杞奏請

皇帝派遣顏真卿前去勸降。顏知道盧杞有意害他，但他仍以社稷為重，置個人生死於度外，毅然乘車直驅李希烈行營，不斷遭到李希烈的威逼，顏真卿堅貞不屈，叱責叛賊。貞元元年（785），顏真卿被李希烈縊死在蔡州龍興寺。享年七十七歲。事見《顏家廟碑》《舊唐書》卷一百二十八、《新唐書》卷一百五十三。

顏氏家族是詩禮傳家的名門望族，在書法創作和文字學研究方面，具有悠久而深厚的家學傳統。如：顏真卿九世祖顏騰之善草隸書；五世祖顏之推精於文字學，著有《顏氏家訓》；曾祖顏勤禮與其兄顏師古工於篆籀，尤精訓詁；伯父顏元孫、父親顏惟真都以草、隸擅名；兄顏曜卿、旭卿、允南，均善草、隸書。

顏真卿母親殷氏（679-738），出身於陳郡名門望族，而且殷氏世代與顏家姻聯。顏惟貞夫人是殷踐猷的長妹、殷仲容的堂侄女。殷氏一門書法以顏真卿的外祖父殷仲容最為著名，顏真卿伯父顏元孫、舅父殷踐猷和母親殷氏的書法都出自殷仲容。

顏真卿在書法的道路上，首先受到了家學和外祖父殷仲容書風的薰陶。顏真卿從小就熱愛書法藝術，據唐代殷亮《顏魯公集行狀》載：顏真卿「以家本清貧，少好儒學，恭孝自立，貧乏紙筆，以黃土掃牆，習學書字」。其次受到了初唐褚遂良和盛唐張旭等名師的影響。初唐歐陽詢、虞世南去世後，褚遂良堪稱一代教化主，天下習褚書者十之八九。顏真卿楷書，多取法褚氏結法，大都平畫寬結，只是用筆圓勁，別有一番渾厚意趣。據傳，顏真卿在任醴泉縣尉時，慕張旭書名，毅然辭去縣尉，前往長安「師事張公」，並把自己與張旭問答的內容寫成《述張長史筆法十二意》。

在繼承家法、學習褚書、受到張旭指點的基礎上，顏真卿憑藉自己的悟性和勤奮，在書法上已經有了質的飛躍，他以悲壯的「忠義之節，明若日月而堅若金石」（歐陽修《唐湖州石記》）的人品，貼合壯美的時代風格，一寓於書，把雄豪壯偉的氣勢情緒納入楷書規範，以圓轉渾厚的筆致代替了方折勁巧的晉人筆法，以平穩厚重的結構代替敧側秀美的二王書體，古法為之一變，自成家數，世稱「顏體」。其特點具體表現為：用筆上拙筆中涵雄秀，橫畫較瘦，直畫左右略向內彎成環抱之勢，撇、捺粗壯，與橫畫形成鮮明的對比，波磔的起收有漢隸蠶頭雁尾之勢；結體上左右基本對稱，字形寬綽豐厚，呈「外滿」之勢，方正莊嚴，齊整大度；佈局上字行較滿，茂密端凝；風格雍容壯偉，氣勢磅礡，把唐楷推上頂峰。

在中國書法史上，像顏真卿這樣人品與書風一致、功德與書名俱高的書法家屈指可數。《新唐書》卷一五三評曰：「真卿立朝正色，剛而有禮，非公言直道，不萌於心」；「善正、草書，筆力遒婉，世寶傳之。」歐陽修對顏真卿的人格和書風推崇備至，其《唐顏魯公二十二字帖》又云：「斯人忠義，出於天性。故其字畫剛勁獨立，不襲前跡，挺然奇偉，有似其為人。」蘇軾對顏真卿書法的創新精神給予了極高的評價，其《書唐氏六家書後》評曰：「顏魯公書雄秀獨出，一變古法，如杜子美詩，格力天縱，奄有漢、魏、晉、宋以來風流，後之作者，殆難復措手。」當代著名史學家范文瀾《中國通史簡編》說：「初唐的歐、虞、褚、薛，只是二王書體的繼承人。盛唐的顏真卿，才是唐朝新書體的創造者。」

顏真卿的書法創作，大體可分為三個時期：第一個時期為五十歲以前，以繼承傳統，師法褚遂良、張旭為主，用筆秀麗圓勁，結體勻稱嚴謹。楷書名作有《多寶塔碑》（44 歲書，現藏西安碑林）（圖 1-15）、《東方朔畫贊碑》（46 歲書，碑在山東德州）。第二個時期為五十歲至六十歲，他把圓勁厚實的篆籀筆法融合到行書之中，以流美的行書抒寫飽滿的情感，在行書創作上形成

▲ 圖 1-15　顏真卿《多寶塔碑》

了與二王不同的風神，達到新的高峰。著名的行書作品有被譽為「天下第二行書」的墨蹟《祭侄季明文稿》（50 歲書，現藏臺北「故宮博物院」）（圖 1-16）、刻帖《爭座位帖》（56 歲書，石在西安碑林）等。楷書名作有《郭氏家廟碑》（56 歲書，藏故宮博物院）等。第三個時期為六十歲以後，無論是楷書還是行書，都表現出年高筆老、雄強渾厚的特點。其中楷書達到了藝術的頂峰，代表作有《麻姑仙壇記》（63 歲書，原石在江西建昌府南城縣，明代毀於火）、《大唐中興頌》（63 歲書，摩崖刻石，在湖南祁陽縣浯溪崖壁）、《顏勤禮碑》（71 歲書，原石現藏西安碑林）、《顏氏家廟碑》（72 歲書，原石現藏西安碑林）。行書名作

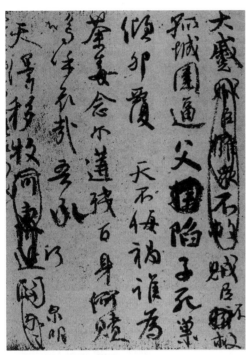

▲ 圖1-16　顏真卿《祭侄稿》

有墨蹟《劉中使帖》（67歲書，現藏臺北「故宮博物院」）。此外還有一件楷書中雜以行草的名作《裴將軍詩》（約書於六十四歲，始見於《忠義堂法帖》，拓本現藏於浙江省博物館）。

顧況（約727-約815），字逋翁，號華陽真逸（一說華陽真隱），晚年自號悲翁，蘇州海鹽恒山（今在浙江海鹽境內）人。至德二載（757）登進士第。建中二年（781）至貞元二年（786），韓滉為潤州刺史、鎮海軍節度使時，曾召況為幕府判官。貞元三年為李泌薦引，入朝任著作佐郎。貞元五年，李泌去世，他也於此年三四月間貶饒州（治在今江西鄱陽縣）司戶參軍。被貶的原因據說是「傲毀朝列」（李肇《唐國史補》），「不能慕順，為眾所排」（皇甫湜《顧況詩集序》）。在貶途經蘇州時，與韋應物有詩酬唱。約於貞元十年（794）離饒州，晚年定居茅山。《舊唐書》卷一百三十有傳。顧況善畫山水，工詩。明張丑《清河書畫舫》說顧況「工真、行

書」。

　　王仲舒（762-823），並州祁人，字弘中。少客江南，有文名。唐德宗貞元中，賢良方正高第，拜左拾遺。歷峽州、婺州、蘇州刺史。穆宗立，召為中書舍人，至江西觀察使。宋鄭樵《通志·金石略》云：唐《光福寺塔題名》，元和四年（809）王仲舒書。《舊唐書》卷一百九十下、《新唐書》卷一百六十一皆有傳。

　　于邵（約713-約793），字相門，京兆萬年（今陝西西安）人。天寶末年中進士。以書判超絕，補崇文校書郎。歷巴州刺史、禮部侍郎、太子賓客。因與宰相陸贄不和，出為杭州刺史。後貶衢州別駕，徙江州（今江西九江）。《舊唐書》卷一百三十七、《新唐書》卷二百三皆有傳。于邵書跡有《馬燧新廟碑》，見錄于宋鄭樵《通志·金石略》。

　　羅讓（767-837），越州會稽人，字景宣。羅珦之子。有文學，舉進士、宏辭、賢良方正，皆高第。歷官監察御史、給事中、福建觀察使、散騎常侍等，至江西觀察使卒。宋趙明誠《金石錄》載，唐《襄州新學記》，貞元五年（789）盧群撰，羅讓行書。《舊唐書》卷一百八十八、《新唐書》卷一百九十七皆有傳。

　　韓愈（768-824），字退之，河陽（今河南孟州市）人，漢族。祖籍河北昌黎，世稱韓昌黎。韓愈三歲而孤，受兄嫂撫育，刻苦好學。貞元八年（792）中進士。歷官四門博士、監察御史、陽山令。憲宗時北歸，為國子博士，累官至太子右庶子。五十歲後，先從裴度征吳元濟，後遷刑部侍郎。因諫迎佛骨，貶潮

州刺史，後移袁州（今江西宜春市）刺史。不久回朝，歷國子祭酒、兵部侍郎、吏部侍郎、京兆尹等職。韓愈是唐代古文運動的宣導者，宋代蘇軾稱他「文起八代之衰」，明人推他為唐宋八大家之首，與柳宗元並稱「韓柳」。著有《韓昌黎集》四十卷、《外集》十卷。《舊唐書》卷一百六十、《新唐書》卷一百七十六皆有傳。韓愈工於書法，唐林蘊《撥鐙序》謂廬陵盧肇嘗受教於韓愈，得撥鐙法。宋朱長文《續書斷》卷下列韓愈書入能品，云：「退之雖不學書，而天骨勁健，自有高處，非眾人所可及。」嘗著《送高閑上人序》，論張旭專攻草書之事。書跡有華嶽、嵩山天封宮石柱上、洛陽福先寺塔下等處題名。

　　沈傳師（769-834 或 835）字子言，吳縣（今江蘇蘇州）人。唐德宗貞元末年舉進士，歷太子校書郎、翰林學士、中書舍人、湖南觀察使。寶曆元年（825）入拜尚書右丞，後歷任江西、宣州、歙州、池州觀察使，官至吏部侍郎。《舊唐書·文宗紀》載：「太和二年（即大和二年）十月，以右丞沈傳師為江西觀察使。四年九月，以江西觀察使沈傳師為宣、歙觀察使。七年四月，以宣、歙、池觀察使沈傳師為吏部侍郎。九年四月，吏部侍郎沈傳師卒。」**7**《舊唐書》卷一百四十九、《新唐書》卷一百三十二皆有傳。杜牧《張好好詩序》云「牧大和三年佐故吏部沈公江西幕」，據此可知，沈傳師大和三年（829）確實在江西南昌為官。

7　轉引自朱碧蓮《杜牧選集》，上海古籍出版社1995年版，第39頁。

　　沈傳師工書，有楷法。宋朱長文《續書斷》把它和歐陽詢、虞世南、褚遂良、柳公權等並列為妙品，云：「正、行書皆至妙品，存於翠琰，爽快騫舉，如許邁學仙，骨輕神健，飄飄然欲騰雲霄。」歐陽修《六一題跋》云：「傳師書非一體，放逸可愛。」米芾《海嶽書評》稱讚沈的書法「如龍遊天表，虎踞溪旁，神情自如，骨法清虛」。黃庭堅《山谷題跋》謂沈書「字勢豪逸，真復奇倔」。明陶宗儀《書史會要》卷五稱沈傳師「善楷、隸、行、草，以書自名」。沈傳師傳世書跡有《羅池廟碑》《遊道林嶽麓寺詩》《柳州石井銘》等。《羅池廟碑》（圖1-17）唐長慶元年（821）正月立。韓愈撰文、沈傳師書、陳曾篆額。舊在廣西柳州羅池廟內，久佚。僅清何紹基藏宋拓孤本傳世。碑文內容是紀念頌揚柳宗元被貶任柳州

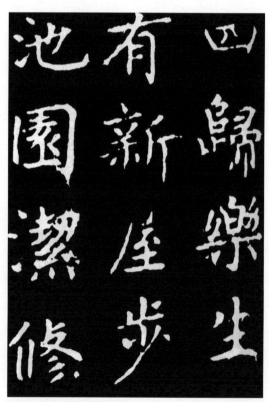

▲ 圖1-17　沈傳師《羅池廟碑》

刺史所做的政績。此碑書法清勁圓潤、骨法神健，結字雖較為瘦削，然挺健秀朗，肉藏於筋，略無枯瘠之詬病。清康有為《廣藝舟雙楫・體變第四》認為沈傳師書法「矯開元後肥厚之病」。唐代後期是書法的蕭條時期，但以沈傳師為代表的「矯肥」派，顯然多少也給沉悶的書壇帶來一些活力，也給柳公權創「柳體」提供了寶貴的經驗。

白居易（772-846），其先太原人，後遷居華州下邽。字樂天，號香山居士。貞元進士，元和中為左拾遺、左贊善大夫。曾貶官江州司馬，後授杭州、蘇州刺史。官至刑部尚書。以工詩名，與元稹齊名，世稱元、白。自編《白氏長慶集》。《舊唐書》卷一百六十六、《新唐書》卷一百十九皆有傳。宋黃伯思《東觀餘論》卷下《跋白傅書後》云：「樂天書不名世，然投筆皆契繩矩，時有佳趣。」宋蘇軾《東坡全集》卷二十二《天竺寺詩並序》曰：

予年十二，先君自虔州歸，為予言，近城山中天竺寺有樂天親書詩云：「一山門作兩山門，兩寺元從一寺分。東澗水流西澗水，南山雲起北山雲。前臺花發後臺見，上界鐘清下界聞。遙想吾師行道處，天香桂子落紛紛。」筆勢奇逸，墨蹟如新。今四十七年矣。予來訪之，則詩已亡，並引有刻石存耳，感涕不已而作是詩：「香山居士留遺跡，天竺禪師有故家。空詠連珠吟疊壁（璧），已亡飛鳥失驚蛇。林深野桂寒無子，雨浥山薑病有花。四十七年真一夢，天涯流落涕橫斜。」（《四庫全書》本）

　　《宣和書譜》卷九謂白居易書「筆勢翩翩」，論曰：「居易以文章名世，至於字畫，不失書家法度。作行書，妙處與時名流相先後。」白居易傳世書跡有《大徹禪師法堂記》《重玄寺法華院石壁經碑》《冷泉亭記》《錢塘湖石記》等，《宣和書譜》又謂御府藏居易行書《豐年帖》《洛下帖》《生涯帖》《劉郎中帖》《送敏中歸邠寧幕等詩帖》。白居易《與劉禹錫書》，書於大和六年（832），拓本，行書，共三十七行，刊於《中國書道全集》（四），筆勢流利，字形忽大忽小，平和中藏有起伏變化。

　　李佋（生卒年不詳），滎陽（今屬河南）人。官袁州（今江西宜春市）刺史。明陶宗儀《書史會要》載，李佋「工於翰墨，有名當世」。

　　戎昱（744-800），荊州（今屬湖北）人。進士及第。寶應元年（762），從滑州、洛陽西行，經華陰，遇見王季友，同賦《苦哉行》。大曆二年（767）秋回故鄉，在荊南節度使衛伯玉幕府中任從事。後流寓湖南，為潭州刺史崔瓘、桂州刺史李昌巙幕僚。建中三年（782）居長安，任侍御史。翌年貶為辰州（今湖南沅陵縣）刺史。貞元年間任虔州（今江西贛州）刺史。晚年在湖南零陵任職，流寓桂州而終。生平事蹟見《唐詩紀事》卷二十八、《唐才子傳》卷三。《宣和書譜》卷四謂戎昱「作字有楷法，其用筆類段季展，然筋骨太剛，而殊乏婉媚」。其自作《早梅詩》「亦其得意處，故其筆力不得不如是之健；然求其左規右矩，則一出焉，一入焉，而不見其至也」。書跡有正書《早梅詩》。

　　李德裕（787-849），字文饒，趙郡（今河北趙縣）人，與其父李吉甫均為晚唐名相。

穆宗時，任中書舍人、御史中丞、浙西觀察使。文宗時，任西川節度使，大和七年（833）拜相，任中書門下平章事，封贊皇縣伯。後遭奸臣鄭注、李訓等人排斥，貶為興元節度使。大和九年（835）四月貶為袁州（今江西宜春市）長史。開成初年，又起用為浙西觀察使、淮南節度使。武宗即位，二次拜相，任中書門下平章事。執政期間，平定回鶻及昭義軍節度使劉稹，裁汰冗官，協助武宗滅佛，功績顯赫。會昌四年（844），進封太尉，封衛國公。宣宗即位，李德裕由於位高權重，連連遭貶，最後貶為崖州（今海南瓊山區）司戶參軍，卒於崖州。《舊唐書》卷一百七十四、《新唐書》卷一百八十皆有傳。

李德裕性格孤峭，明辯有風采，善為文章。雖至大位，猶不去書。李商隱《太尉衛公會昌一品制集序》云：「公重以多能，推以小學，王子敬之隸法遒媚，皇休明之草勢沉著，異時相逼，當代罕儔。」[8]宋朱長文《續書斷》卷下列李德裕書入能品，云：「其書祖述顏公，毅然有法。余嘗觀遺刻于南徐，歎其志於功名，有餘力足以及其書也。」據宋趙明誠《金石錄》載，李德裕書跡八分書《平泉草木記山居詩》。明陶宗儀《書史會要》卷五謂宋《紹興秘閣續法帖》內有李德裕手跡。

陸長源（？-799），字泳之，蘇州吳縣（今屬江蘇）人。安史亂中，陷河北諸賊中。後歷建（今山西晉城市）、信（今江西

8　（唐）李商隱著、（清）馮浩注，王步高、劉林輯校匯評：《李商隱全集》，珠海出版社 2002 年版，第 1016 頁。

上饒市）二州刺史。浙西節度韓滉兼領江、淮轉運，奏長源檢校郎中、兼中丞，充轉運副使。罷為都官郎中，改萬年（今屬江西）縣令，出為汝州刺史。貞元十二年（786），授檢校禮部尚書、宣武軍行軍司馬，汴州政事，皆決斷之。性輕佻，言論容易，恃才傲物，所在人畏而惡之。節度使董晉卒，汴州兵士怨怒作亂，長源被亂軍殺害。生平事蹟見《舊唐書》卷一百四十五、《新唐書》卷一百五十一。宋歐陽修《集古錄跋尾》卷六《唐流杯亭侍宴詩》云：開元十年，汝水壞亭，碑遂沉廢。至貞元中，刺史陸長源以為李嶠之文，殷仲容書，絕代之寶也。乃復立碑造亭，又自為記，刻其碑陰。

吳丹（生卒年不詳），字真存，吳（今江蘇）人。貞元十六年（800）登第，歷官至鎮州宣慰副使、尚書郎、饒州（治在今江西鄱陽）刺史。吳丹存有《玉水記方流》詩一首：「玉泉何處比，四折水文浮。潤下窴逾矩，居方在上流。映空虛碌碌，涵白淨悠悠。影碎疑沖鬥，光清耐掩舟。珪璋分辨狀，沙礫共懷柔。願赴朝宗日，縈回入御溝。」宋趙明誠《金石錄》載，唐《華州

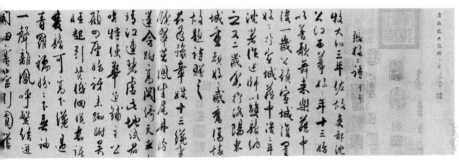

▲ 圖1-18　唐杜牧《張好好詩（並序）》

新廳堂記》，元和八年（813）吳丹撰並書。

　　杜牧（803-約852），字牧之，號樊川居士，京兆萬年（今陝西西安）人。宰相杜佑之孫。穆宗長慶二年（822），杜牧二十歲時，已經博通經史，尤專注於治亂與軍事。二十三歲寫《阿房宮賦》。文宗大和二年（828），二十六歲進士及第。同年又考中賢良方正直言極諫科。授弘文館校書郎、試左武衛兵曹參軍。冬季，入江西觀察使沈傳師幕，後隨其赴宣歙觀察使任，為幕僚。大和七年（833），淮南節度使牛僧孺辟為推官，轉掌書記，居揚州，頗好宴遊。後歷官為監察御史、史館修撰、膳部比部員外郎。武宗會昌二年（842），出為黃州刺史。後任池州、睦州、湖州刺史。最終官至中書舍人。杜牧是晚唐傑出詩人，尤以七言絕句著稱。擅長文賦，其《阿房宮賦》為後世傳誦。據《唐才子傳》載，「後人評牧詩，如銅丸走阪，駿馬注坡，謂圓快奮爭也」。劉熙載在《藝概》中也稱其詩「雄姿英發」。細讀杜牧，人如其詩，個性張揚，如鶴舞長空，俊朗飄逸。杜牧曾注釋《孫子》，著有《樊川文集》。《舊唐書》卷一百四十七、《新唐書》

卷一百六十六皆有傳。

　　杜牧工行、草書，《宣和書譜》卷九云：「牧作行、草，氣格雄健，與其文章相表裡。」明陶宗儀《書史會要》卷五謂牧「亦善大字，嘗有分書『碧瀾堂』三字，今在湖州驛，徑二尺許，茂密滿榜，都欲滅縫，世少識之」。董其昌《容台集》稱：「余所見顏、柳以後，若溫飛卿與（杜）牧之亦名家也」，謂其書「大有六朝風韻」。傳世書法名作有《張好好詩》（圖1-18）。此卷為行草墨蹟，杜牧大和八年（834）所書，此時年32歲。帖為麻箋，縱二十八點二釐米，橫一百六十二釐米，四十六行，總三百二十二字。卷首尾有宋、元、明、清人的題簽、題跋印章。曾經宋宣和內府、賈似道、明項子京、張孝思、清梁清標、乾隆、嘉慶、宣統內府及張伯駒收藏。曾著錄於《宣和書譜》《容台集》《平生壯觀》《大觀錄》等。杜牧以詩稱著，故其書名為詩名所掩蓋。此卷書法刻入《秋碧堂法帖》。延光室、日本《昭和法帖大系》均有影印。此卷墨蹟本內容如下：

　　牧大和三年，佐故吏部沈公江西幕。好好年十三，始以善歌舞來樂籍中。後一歲，公鎮宣城，復置好好于宣城籍中。後二年，沈著作述師，以雙鬟納之。又二歲，余於洛陽東城，重睹好好，感舊傷懷，故題詩贈之。

　　君為豫章姝，十三才有餘。翠苫鳳生尾，丹臉蓮含跗。
　　高閣倚天半，章江聯碧虛。此地試君唱，特使華筵鋪。
　　主公顧四座，始訝來踟躕。吳娃起引贊，低徊映長裾。

雙鬟可高下，才過青羅襦。盼盼下垂袖，一聲雛鳳呼。
繁弦迸關紐，塞管裂圓蘆。眾音不能逐，嫋嫋穿雲衢。
主公再三歎，謂言天下殊。贈之天馬錦，副以水犀梳。
龍沙看秋浪，明月遊東湖。自此每相見，三日已為疏。
玉質隨月滿，豔態逐春舒。絳唇漸輕巧，雲步轉虛徐。
旌旆忽東下，笙歌隨舳艫。霜凋小謝樓，沙暖句溪蒲。
身外任塵土，樽前且歡娛。飄然集仙客，（著作任集賢
校理）諷賦期相如。

聘之碧玉珮，載以紫雲車。洞閉水聲遠，月高蟾影孤。
爾來未幾歲，散盡高陽徒。洛陽重相見，綽綽為當壚。
怪我苦何事，少年生白鬚。朋遊今在否，落拓更能無。
門館慟哭後，水雲秋景初。斜日掛衰柳，涼風生座隅。
灑盡滿襟淚，短歌聊一書。

　　大和二年（828）十月，杜牧進士及第後八個月，他就奔赴
當時的洪州，開始了他長達十多年的幕府生涯。其時沈傳師為江
西觀察使，辟召杜牧為江西團練巡官。沈家與杜家為世交，沈氏
兄弟是文學愛好者，對當時的知名文人都很眷顧，與杜牧的關係
也頗為密切。杜牧撰寫《李賀集序》，就是應沈傳師之弟沈述師
所請。杜牧經常往沈述師家中聽歌賞舞，還對沈家中的一個歌女
張好好很有好感，可惜主人對此女子分外珍惜，搶先一步將她納
為小妾，使小杜空有羨魚之情。大和八年，小杜在洛陽與張好好
不期而遇，此時的張好好已經淪落為他鄉之客，以當壚賣酒為
生。杜牧感慨萬分，寫了一首五言長篇《張好好詩》。由於情緒

飽滿，不僅文筆清秀，而且書法筆墨酣暢，氣勢連綿，神采飄逸，深得六朝書法的風韻，為杜牧贏得了書法家的美名。《宣和書譜》評論道：「（杜）牧作行草，氣格雄健，與其文相表裡。」清人葉弈苞《金石錄補》也給予了極高的評價：「牧之書瀟灑流逸，深得六朝人風韻，宗伯（董其昌）云：顏、柳以後，若溫飛卿、杜牧之，亦名家也。」今人所能見到的唐朝真跡少之又少，這幅《張好好詩》自然珍貴異常，紙本上有宋徽宗、賈似道、年羹堯、清高宗等鑒定印章。當年溥儀皇帝「北狩」之時，倉皇之中還不忘攜帶此卷，後為民國四大公子之一張伯駒個人所有，又捐贈政府，藏於故宮博物院。

李渤（生卒年不詳），唐隴西成紀人，字濬之。刻志于學，初與仲兄涉偕隱於廬山。憲宗元和九年（814）召為著作郎，遷右補闕。穆宗立，拜考功員外郎。後曆虔州（今江西贛州）、江州（今江西九江）刺史，諫議大夫等，文宗大和中召拜太子賓客，卒年五十九。書跡有《辨石鐘山記》。宋歐陽修《集古錄跋尾》卷九《唐辨石鐘山記》謂渤書畫亦皆可喜，云：「彼其事業超然高爽，不當留精於此小藝，豈其習俗承流，家為常事，抑學者猶有師法，而後世偷薄，漸趨苟簡，久而遂至於廢絕。」《舊唐書》卷一百七十一、《新唐書》卷一百十八皆有傳。

獻上人（生卒年不詳），唐代高僧。與孟郊同時，隱居廬山。工草書。唐孟郊《送草書獻上人歸廬山詩》云：「狂僧不為酒，狂筆自通天。將書雲霞片，直至清明巔。手中飛墨電，象外瀉玄泉。萬物隨指顧，三光為迴旋。驟書雲霿霸，洗硯山晴鮮。忽怒畫蛇虺，噴然生風煙。江人顧停筆，驚浪恐傾船。」（見《孟

東野集》）陶宗儀《書史會要》卷五亦謂「獻上人工草書」。

李璟（916-961），字伯玉，原名李景通，徐州人，南唐烈祖李昇的長子。升元七年（943年）李昇去世，李璟繼位，改元保大。年號保大，後因受到後周威脅，削去帝號，改稱國主，史稱南唐中主，又為避後周信祖（郭璟）諱而改名李景。廟號元宗。

李璟少時曾在廬山讀書，二十八歲繼位為南唐皇帝。即位後，改變父親李昇保守的政策，開始大規模對外用兵，消滅皆因繼承人爭位而內亂的馬楚及閩國。他在位時，南唐疆土最大。不過李璟奢侈無度，導致政治腐敗，民不聊生，怨聲載道。九五七年，後周派兵侵入南唐，佔領了南唐淮南大片土地，並長驅直入到長江一帶，李璟只好派人向後周世宗柴榮稱臣，去帝號，自稱唐國主，使用後周年號。在南唐境土大削、國力日衰的恐懼中，李璟決計遷都洪州。宋建隆二年（961）二月，李璟遷都洪州（今南昌），同時立李煜為太子監國，令其留在金陵。到南昌建都，興建長春殿，修鳴鑾路。然群臣日夜思歸，李璟也「鬱鬱不樂」，不久發病不起，於六月死去。他遺囑留葬西山，但是後主李煜仍迎梓宮還金陵安葬。《五代史》卷一百三十四、《新五代史》卷六十二、《宋史》卷四百七十八有傳。

李璟好讀書，多才藝，工詩詞，善書畫。在位期間，經常與其寵臣如韓熙載、馮延巳等飲宴賦詩，於是適用於歌筵舞榭的詞，便在南唐獲得了發展的機會。他的詞，感情真摯，風格清新，語言不事雕琢，對南唐詞壇產生過一定的影響。後人把他及其子煜的作品，合刻為《南唐二主詞》。他還喜愛書畫，禮待畫家，許多有才華的畫家如進賢董源、巨然、徐熙等都紛紛歸集。

李璟繪有《賞雪圖》《廬山圖》等。宋陸遊《南唐書》卷十六云：「元宗、後主俱善書法，元宗學羊欣，後主學柳公權，皆得十九。」

馮延巳（903-960），又名延嗣，字正中，廣陵（今江蘇揚州市）人。南唐開國時，馮延巳因為多才藝，先主李昇任命他為秘書郎，讓他與太子李璟交遊。李璟登基的第二年，即保大二年（944），就任命馮延巳為翰林學士承旨。到保大四年（946），馮延巳拜相，任左僕射同平章事。第二年，陳覺、馮延魯舉兵進攻福州，結果死亡數萬人，損失慘重。李璟大怒，擬將陳覺、馮延魯處死。馮延巳為救兩人性命，引咎辭職，改任太子太傅。保大六年（948），出任撫州（今江西撫州市）節度使。到保大十年（952），他再次榮登相位。馮延巳當政期間，先是進攻湖南，大敗而歸。後是淮南被後周攻陷，馮延魯兵敗被俘，另一宰相孫晟出使後周被殺。九五八年，馮延巳被迫再次罷相。兩年後，即九六〇年，馮延巳因病去世。也就是這一年，趙匡胤奪取天下，建立北宋王朝。再過一年（961），李璟去世，李煜即位。生平事蹟見宋馬令《南唐書》卷二十一、陸遊《南唐書》卷十一、《十國春秋》卷二十六、今人夏承燾《唐宋詞人年譜·馮正中年譜》等。

跟李璟、李煜一樣，馮延巳也多才多藝，這也是李璟信任他的重要原因。他的才藝文章，連政敵也很佩服。宋初《釣磯立談》記載孫晟曾經當面指責馮延巳：「君嘗輕我，我知之矣。文章不如君也，技藝不如君也，詼諧不如君也。」陸遊《南唐書》卷十一《馮延巳傳》記載孫晟的話是：「鴻筆藻麗，十生不及君；

詼諧歌酒，百生不及君；謟媚險詐，累劫不及君。」（《四庫全書》本）兩處記載，文字雖不一樣，但意思相同。看來馮延巳為人確實多才藝，善文章，詼諧幽默。又據《釣磯立談》記載，馮延巳特別能言善辯。他「辯說縱橫，如傾懸河暴雨，聽之不覺膝席而屢前，使人忘寢與食」。他又工書法，宋馬令《南唐書·宋齊丘傳》雲：「延巳工書，遠勝宋齊丘，齊丘謂曰：子書往往似虞世南。」《佩文齋書畫譜》列舉南唐十九位書法家的名字，其中就有馮延巳的大名。他的詩也寫得工致，但流傳下來的僅有一首。馮延巳最著名最有成就的還是詞。

宋代江西書法

　　宋代是江西文化最輝煌的時期，也是江西書法的頂峰時期，
不僅書家數量多，而且出現了若干個堪稱書法世家的家族書法群
體，如劉敞、曾鞏、王安石、黃庭堅、朱熹、楊萬里、周必大、
王應辰等家族，形成了父子、兄弟甚至親戚同為書家的盛況。其
中，歐陽修、朱熹、姜夔在書法理論上很有建樹，黃庭堅在書法
理論和書法創作上成就巨大，名列「宋四家」，是宋代江西書法
頂峰上的頂峰，影響極為深遠。

第一節 ▶ 群星燦爛的宋代書法

一、北宋書家

　　夏竦（984-1050），字子喬，江州德安人。竦明敏好學，自
《經》《史》、百家、陰陽、律曆，外至佛老之書，無不通曉。其
文章典雅藻麗。舉賢良方正，擢光祿寺丞。慶曆中，召為樞密
使。拜同中書門下平章事。封英國公，加侍中。卒，諡文莊。竦
以文學起家，有名一時，朝廷大典策屢以囑之。但是夏竦生性貪

婪，積家財累鉅萬，自奉尤侈，蓄聲伎甚眾。在書法上，夏竦多識古文，學奇字，至夜以指畫膚。編有法帖《古文四聲韻》，引用石經古文達一百一十四字。《四庫全書總目》卷四十一《經部·小學類二》評曰：「此書以韻分字，而以隸領篆，較易於檢閱。」《宋史》卷二百八十三有傳。

　　陳執中（990-1059），字昭譽，洪州南昌人。執中以父恕任為秘書省正字，知梧州。上《復古要道》三篇，真宗異而召之，擢右正言。仁宗時，召拜參知政事、同中書門下平章事、昭文館大學士。以司徒、岐國公致仕，卒，諡曰恭。明趙琦美《鐵網珊瑚》云：「範文正公《伯夷頌》跋有陳執中書。」又清顧炎武《金石文字記》卷六云：華岳有宋陳執中題名，在《述聖頌碑》碑陰韓賞文之下。《宋史》卷二百八十五有傳。

　　晏殊（991-1055），字同叔，撫州臨川文港晏村（今劃入進賢縣）人。七歲能屬文。真宗景德二年（1005），張知白安撫江南，以神童薦之。真宗召殊與進士千餘人並試廷中。殊神色不懼，援筆立成。真宗嘉賞他，賜同進士出身。為翰林學士，遷左庶子。慶曆中，拜集賢殿大學士、同平章事。卒，諡元獻。晏殊秉性剛簡，奉養清儉。文章贍麗，尤工詩詞，閒雅有情思，晚年篤學不倦。宋歐陽修云：「元獻為人真率，書翰亦如其性。」明陶宗儀《書史會要》云：「元獻擅豪翰，其書跡雜見《群玉堂法帖》中。」晏殊尚留有四篇關於「飛白」的書法言論，即《飛白書賦》《御飛白書扇賦》《謝賜飛白書表》《御飛白書記》。《宋史》卷三百一十一有傳。

　　釋綠槃（生卒年不詳），宋仁宗時鄱陽（今屬江西）僧人，

書法師唐代懷素，擅長草書。宋李覯《旴江集》卷三十五有《答緣藥師見示草書千字文並名公所贈詩序》云：「去年有使自番陽，手藉一函來我所。發函乃是緣藥書，千字滿前雲縷縷。眾人飽食已用心，欲嚔伯英肥美處。當時名士嘉其能，長序短篇聯繡組。因思幅員千萬里，如師之能更幾許。以儒輔釋日益多，何恤區區一韓愈。」

劉敞（1019-1068），字原父，號公是，臨江新喻（今江西新餘）人。慶曆六年（1046）進士。歷吏部南曹、右正言、知制誥。出使契丹，以熟知山川地理，令契丹折服。使還，出知揚州，徙鄆州兼京東西路安撫使。旋召還，糾察在京刑獄及修玉牒，言事忤台諫，自請出知永興軍，歲餘因病召還。拜翰林侍讀學士、集賢院學士，判南京（今河南商丘）御史台。學問淵博，自佛老、卜筮、天文、方藥、山經、地志，皆究知大略。對金文也有研究，償得先秦彝器鼎具，銘識奇奧，皆案而讀之，因以考知夏商周三代制度。著《先秦古器圖碑》一卷。尤長於《春秋》學，開宋儒批評漢儒之先聲。著有《春秋權衡》《春秋傳》《七經小傳》《公是集》等，與弟劉攽、子劉奉世合著《漢書標注》。《宋史》卷三百一十九有傳。

劉敞考古的成果在歐陽修《集古錄》中得到保存，歐陽修《集古錄跋尾》卷一《古敦銘》云：「嘉祐中，原父以翰林侍讀學士出為永興軍路安撫使，其治在長安。原父博學好古，多藏古奇器物，能讀古文銘識，考知其人事蹟。而長安秦漢故都，時時發掘所得，原父悉購而藏之。以予方集錄古文，故每有所得，必模其銘文以見遺。」同卷《韓城鼎銘》云「原甫在長安所得古奇

器物數十種，亦自為《先秦古器記》。原甫博學，無所不通，為余釋其銘以今文，而與（楊）南仲時有不同，故並著二家所解以俟博識君子。」**1**

劉敞擅長楷書、隸書。宋黃伯思《東觀餘論》云：「劉原父《（㪣）仲（外匚內夫，同簠）銘》以隸寫之。」徐本潤評原父書云：「筆兼歐、蔡體，品在上中間。」鮮於樞云：「嘉祐去晚唐未遠，一時名公書，猶有唐人風致，原父、舜欽輩是也。」李東陽云：「宋人書法近古，蘇、黃諸大家外，如劉原父雖不以書自名，而意格亦自得其梗概矣。」元李衎云：「原父真書韻有餘。」劉敞書跡今天能見到的是摹本楷書《莊子‧秋水篇》摘抄（圖 1-19）此卷為紙本，縱二十六點四釐米，橫四三〇點六釐米。故宮博物院藏。風格源自歐陽詢、柳公權，筆劃瘦硬，結體緊密，應規入矩，但變化不多。

劉攽（1022-1088），字貢父，臨江新喻（今江西新餘）人。劉敞之弟。與劉敞同登科，仕州縣二十年，始為國子監直講。歐陽修、趙槩薦試館職，得館閣校勘。熙甯中，判尚書考功、同知太常禮院。哲宗時，召拜中書舍人。劉攽所著書百卷，對史學有精深研究。作《東漢勘誤》，為人所稱。協助司馬光修《資治通鑒》，專職漢史。為人疏俊，不修威儀，喜諧謔，數用以招怨悔，終不能改。明陶宗儀《書史會要》稱劉攽「擅豪翰，其書跡雜見《群玉堂法帖》中」。《宋史》卷三百一十九有傳。

---

1 歐陽永叔《歐陽修全集》，中國書店 1986 年版，第 1089-1092 頁。

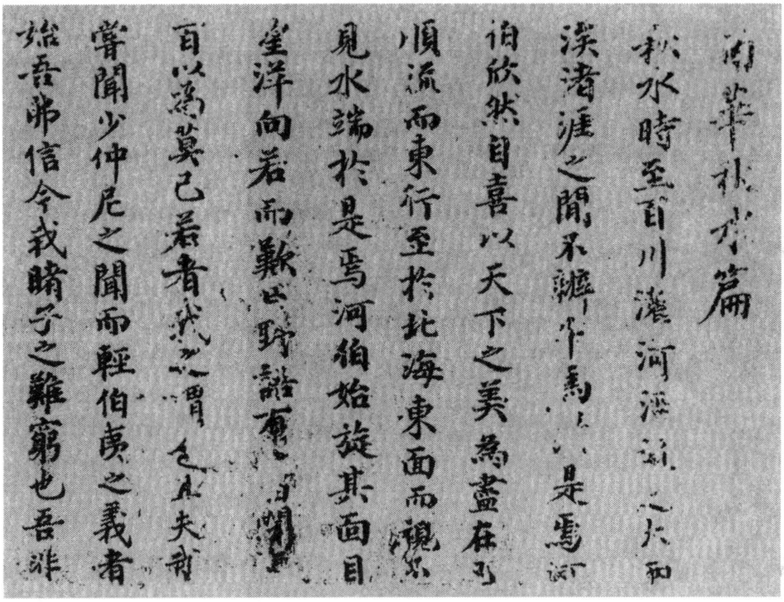

▲ 圖 1-19　劉敞《秋水篇》

　　曾鞏（1019-1083），字子固，建昌南豐（今屬江西）人。仁宗嘉祐二年中進士第。調太平州司法參軍，召編校史館書籍，遷館閣校勘、集賢校理，為《實錄》檢討官。歷知齊州、福州加直龍圖閣，徙明、亳、滄三州。過闕，神宗召見，勞問甚寵，遂留判三班院。拜中書舍人、翰林學士。曾鞏為文章，上下馳騁，本原《六經》，斟酌於司馬遷、韓愈，一時工作文詞者，鮮能過也。宋朱熹云：「南豐遺墨，簡嚴靜重，如其為人。」明陶宗儀《書史會要》云：「鞏擅豪翰，其書跡雜見《群玉堂法帖》中。」明陳黃裳云：「鞏書如謝家子弟，雖時偃蹇不端正，自爽塏有一種風氣。」《宋史》卷三百十九有傳。

▲ 圖1-20　曾鞏《手跡》

　　曾鞏手跡（圖1-20）在其故鄉江西省南豐縣被發現，從而填補了「唐宋八大家」中唯獨缺少曾鞏遺墨的空白。據手跡發現者王琦珍教授介紹，他是在查閱民間《曾氏宗譜》時偶然發現的。在該宗譜中，曾鞏留下了三十七個字的手跡，其中有「南豐曾鞏題」的字樣，彌足珍貴。此帖屬於行書，筆劃豐腴飽滿，字形斜側，章法或四字相連，或字字獨立，動靜結合，從容舒緩。

　　曾宰（1022-1068），字子翊，建昌南豐（今屬江西）人。曾鞏之弟。《南豐縣誌》云：「宋嘉祐六年進士，為湘潭主簿。」明王世貞《法書苑》云：「湘潭公書，如吳興小兒，形雖未成，而骨體甚雋。」傳世書跡有《五十郎帖》。事可見《元豐類稿》卷四六《亡弟湘潭縣主簿子翊墓誌銘》。

　　曾布（1035-1107），字子宣，建昌南豐（今屬江西）人。年十三而孤，學於兄曾鞏，同登嘉祐進士第。熙甯初因韓維、王安

石推薦，授太子中允加集賢校理。元豐末，復翰林學士，遷戶部尚書。徽宗立，拜右僕射。卒，諡文肅。明陳善《杭州志》云：「曾布學沈遼筆法，得其真楷。」明王世貞《法書苑》云：「文肅公書如高麗使人，抗浪甚有意氣。」曾布書跡《式古堂書畫匯考目》，著錄有《與宋親帖》《被召詩》。《宋史》卷二百七十一有傳。

曾布傳世墨蹟有《還朝帖》（未掃描）、《守邊帖》。《還朝帖》，紙本，行楷書，尺牘一則，共十行，七十字。縱二十八點一釐米，橫三十九點七釐米。臺北故宮博物院藏。此帖筆劃富有粗細變化，墨色秀潤，結體方中帶扁，佈局疏朗，氣勢飽滿酣暢。《守邊帖》（圖 1-21）紙本，行楷書，尺牘一則，共十三行，一一七字。縱三十點八釐米，橫四十六點一釐米。臺北「故宮博物院」藏。此帖筆劃秀健，粗細對比分明，墨色醇美，結體呈橫勢，章法上密下疏，顯得較為自由。全篇樸拙而不失靈動，平穩中含有奇逸之趣。

曾肇（1047-1107），字子開，建昌南豐（今屬江西）人。曾

鞏幼弟。舉進士，調黃岩簿，擢崇文校書、國子監直講、同知太常禮院。元祐初，為中書舍人。建中靖國初，拜龍圖閣學士。崇寧初，謫知和州，徙嶽州，貶濮州團練副使。紹興初，卒，諡文昭。其書法追摹晉唐，尤有顏真卿、李邕諸家骨法，氣象恢宏古樸。朱熹謂文昭公字嘗于長安僧舍見之。明王世貞《法書苑》雲：「文昭公書如玉環擁爐，自是太平人物。」曾鞏存世書跡有《五十郎帖》《造門帖》《近疏帖》《奉別行帖》及滁州《慶曆集》碑等。《宋史》卷三百一十九附《曾鞏傳》。《奉別行復帖》（圖1-22），紙本，行書，尺牘一則，共十六行，一百五十字。縱二十八點七五釐米，橫五十點五釐米。臺北「故宮博物院」藏。此帖用筆提按跌宕，筆劃豐腴圓潤，結體方扁而斜側，體勢大方，神情韻味頗類蘇軾的行楷書。

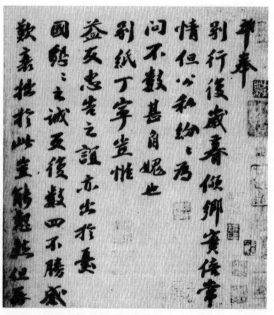

▲ 圖 1-22　曾鞏《奉別行復帖》

王安石（1021-1086），字介甫，號半山，撫州臨川人。仁宗慶歷年間進士。嘉祐三年上萬言書，力主變法。神宗熙寧二年，官至參知政事，拜相，行新政。九年，罷相，退居江甯，封荊國公。卒，諡文。安石工詩文，為唐、宋八大家之一，亦精通經學。善書翰，宋蘇軾謂其書得無法之法，然不可學，無法故。黃庭堅則謂荊公字學王濛，書法奇古，似晉、宋間人筆墨。又謂荊公率意而作，本不求工，而蕭散簡遠，如高人勝士，敝衣破履行乎大車駟馬之間，而目光已在牛背矣。宋米芾云：「文公學楊凝式書，人鮮知之，余語其故，公大賞其見鑒。」宋李之儀《姑溪集》云：「荊公運筆，如插兩翼，淩轢於霜空雕鶚之後。」宋張邦基《墨莊漫錄》云：「王荊公書法清勁峭拔，飄飄不凡，世謂之橫風疾雨。」《宣和書譜》謂荊公作行字，率多淡墨疾書，未嘗經意。元黃溍云荊公書風神閒逸，韻度清美。明陶宗儀《書史會要》亦云荊公用筆法美而不妖嬈，瘦而不枯瘁。有《臨川集》《字說》等。《宋史》卷三百二十七有傳。

王安石傳世墨蹟有尺牘《過從帖》（圖 1-23），紙本，行書，共六行，四十一字。縱二十六釐米，橫三十二點一釐米。臺北「故宮博物院」藏。清吳其貞《書畫記》評曰：「王荊公《奉見帖》（即《過從帖》），書法強健。」此帖點畫、結體、佈局一任自然，絕無安排、雕琢痕跡。用筆細而不弱，結體斜正相依，松而不散，在不衫不履的率意之中，隱含著一股清剛峭拔之氣。黃庭堅喻之為「高人雅士」，可謂得其神髓。

王雱（1044-1076），字元澤，撫州臨川人。王安石之子。王雱天資聰穎，性格豪邁。未冠，已著書數萬言。舉進士，調旌德

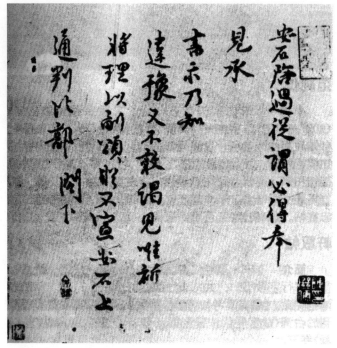

▲ 圖1-23　王安石《過從帖》

尉。心高氣盛，睥睨一世，作策三十餘篇，極論天下事，又作《老子訓傳》《南華真經新傳》及《佛書義解》，亦數萬言。尋除太子中允、崇政殿說書。神宗命撰《詩》《書》義，擢天章閣待制兼侍講。王雱亦能書，明王鏊云：「昔人論荊公多淡墨疾書，類忙時作。今觀元澤書亦然。蓋點畫轉折，意到而已，未嘗有法，而亦不可謂之無法也，其得於家傳者邪？」《宋史》卷三百二十七有傳。

李東（生卒年不詳），宋南康建昌（今江西永修）人。字大春，黃庭堅外祖，李常之父。黃庭堅《山谷外集》卷九《書十棕

心扇因自評之》云：「外祖特進公學暢整《遺教經》及蘇靈芝《北嶽碑》，字法清勁，筆意皆到。」（《四庫全書》本）

李常（1027-1090），字公擇，南康建昌（今江西永修）人。李常乃黃庭堅的舅父。少讀書廬山白石僧舍，既擢第，留所抄書九千卷，名舍曰李氏山房。熙寧初，為秘閣校理，累遷禮部侍郎。哲宗立，進戶部尚書，拜御史中丞兼侍讀、加龍圖閣直學士。有文集、奏議六十卷，《詩傳》十卷，《元祐會計錄》三十卷。宋蘇軾云：「公擇初學草書，無所不能者。」宋樓鑰《攻愧集·跋李山房與山谷帖》云：「山房不以書名，嘗見行書，不知草聖乃如此，以是知前輩無不過人者。」近人馬宗霍《書林紀事》云：「公擇初學草書，所不能者，輒雜以真、行，劉貢父謂之『鸚哥嬌』。其後書稍進，問東坡：吾書比來何如？東坡曰：可謂『秦吉了』矣！文與可聞之大笑。」《宋史》卷三百四十四有傳。

黃大臨（生卒年不詳），字元明，自號寅庵。北宋洪州分寧（今江西修水）人。乃黃庭堅胞兄。歷任龍泉令、梁縣尉，授越州司理、萍鄉令等。紹聖間知萍鄉縣。任職期間以仁慈為懷，盡心盡政，治理政事異於他人，是其仕途生涯中濃墨重彩之筆。但有人諷其過慈，大臨曰：「字民，令職也。豈其操三尺法，與百姓為仇哉！」[2]時人歎為名言。大臨善書，宋周必大《九華山錄》

2　方星移、王兆鵬：《黃大臨生平事蹟考略》，華中科技大學學報（社會科學版），2006 年第 2 期。

云：「九華蕉筆岩，亦名唐公岩，有黃大臨諸人題字。」黃大臨治萍鄉之事見《山谷集》卷二十《書萍鄉縣廳壁》。

黃幼安（生卒年不詳），北宋洪州分寧（今江西修水）人。庭堅弟。喜作草，攜筆東西家，動輒龍蛇滿壁，草聖之聲，譽滿江西。黃庭堅在其《書家弟幼安作草後》中論及幼安書云：幼安弟喜作草，「求法於老夫。老夫之書，本無法也，但觀世間萬緣，如蚊蚋聚散，未嘗一事橫於胸中，故不擇筆墨，遇紙則書，紙盡則已，亦不計較工拙與人之品藻譏彈。譬如木人，舞中節拍，人歎其工，舞罷，則又蕭然矣。」（見《四庫全書》本《山谷集》卷二十九）

黃乘（生卒年不詳），北宋洪州分寧（今江西修水）人。庭堅弟。雅善小篆，通六書之意，下筆皆有依據。

黃知命（生卒年不詳），名叔達，字知命。北宋洪州分寧（今江西修水）人。庭堅弟。黃庭堅《山谷集》云：「知命學魯公東西林碑陰字，殊有一種風氣。」「作樂府長短句及小詩，皆清苦愁絕，可傳可玩。」（見《四庫全書》本《山谷別集》卷十二）

洪芻（生卒年不詳），字駒父，南昌人。黃庭堅之甥。哲宗紹聖元年（1094）進士。放蕩江湖，不求聞達，靖康中為諫議大夫。坐事貶沙門島，卒於貶所。與兄朋、弟炎、羽，俱負才名，號「四洪」。芻尤工於詩，有《香譜》《老圃集》。傳世書跡有信州《遊洞記碑》。

佛印（1032-1098），俗姓林，名了元，字覺志，浮梁（今屬江西）人。自幼學《論語》等典籍，後禮浮梁縣北寶積寺日用為

師，學習禪法。曾登臨廬山參訪開先寺善暹法師，復參圓通寺居訥禪師。二十八歲，嗣善暹之法，住江州（江西九江市）承天寺。後歷住淮山斗方，廬山開先、歸宗，丹陽（江蘇省）金山、焦山，江西袁州大仰山等寺。嘗四度住建昌（今江西永修）雲居山真如寺，使該寺成為江南名 。神宗曾詔入京為僧人講經，賜號佛印。據《五燈會元》稱，佛印為青原法系雲門宗，得開先寺暹禪師印可為法嗣，成為雲門宗的一代祖師。佛印嘗與蘇軾、黃庭堅、秦觀等交遊唱和，故又是一代詩僧。佛印生性詼諧，滑稽多智，超俗出格，平生事蹟未入正史和高僧傳，但散見於野史小說，廣為流傳。二十世紀二〇年代，吳瀛在故宮博物院所藏宋元墨寶中發現佛印書《李太白傳》一幅（圖 1-24），墨蹟本，紙本，楷書，縱二十四點三釐米，橫四十五點六釐米，十七行，二九六字，結體扁平如隸書，風格樸茂古拙。清代《石渠寶笈初編》有著錄。佛印書法傳世極少，此幅《李太白傳》為海內珍奇。書末題「紹聖丙戌」，紹聖元年為甲戌，四年後改年號為元符，他即病逝，故「丙戌」為「甲戌」之誤無疑。**3**

孔文仲（1038-1088），字經父，臨江新喻（今江西新餘）人。性狷直，寡言笑，少時刻苦問學，號博洽。舉進士，擢第一。熙寧初，力論王安石之非。哲宗元祐初，召為秘書省校書

3　許懷林：《江西通史・北宋卷》，江西人民出版社 2008 年版，第 411-412 頁。另見梁披雲主編《中國書法大辭典》，香港書譜出版社、廣東人民出版社 1987 年第 2 版，第 1831 頁。

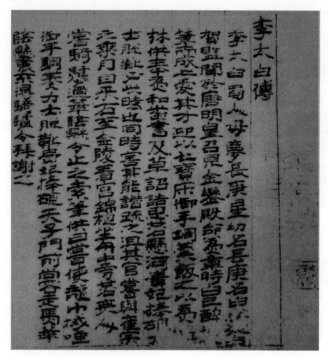

▲ 圖1-24　佛印《李太白傳》

郎，進禮部員外郎。遷中書舍人。文仲與弟武仲、平仲，皆以文聲起江西，時號「三孔」。有文集五十卷。文仲工筆札，其書跡雜見《鳳墅續法帖》中。《宋史》卷三百四十四有傳。

　　陳景元（1024 或 1025-1094），北宋著名道教學者。《宣和書譜》云：「道士陳景元，字太虛，號真靖，自稱碧虛子。建昌南城（今屬江西）人。喜讀書，至老不倦。凡道書皆手自校寫。游京師，神宗聞其名，即其地設普天大醮，命撰青詞，賜對天章閣。累遷至右街副道，賜號真人。己卯，乞歸廬山。嘗與蔡卞論古今書法，至歐陽詢，則曰：『世皆知其體方而不知其筆圓。』

卞頗服膺。」生平不喜作草字，唯正書祖述王羲之《樂毅論》《黃庭經》，下逮歐陽詢《化度寺碑》。宋黃伯思《東觀餘論》云：「碧虛子小楷，得丁道護筆勢。所書《相鶴經》，既精善，又筆勢婉雅，有昔賢風概。」宋陸游《渭南集》云：「本朝小楷，宋宣獻後，僅陳碧虛一人。」宋朱熹《朱子文集》云：「碧虛子詩句字畫，皆清婉可喜。」

李彭（生卒年不詳），約宋哲宗紹聖初（1094）前後在世。字商老。宋修水（今屬江西）人。因家有日涉園，自號日涉翁。生平與韓駒、洪芻、徐俯等人交善，名列呂本中《江西宗派圖》。其人博覽群書，詩文富贍，為江西派大家，嘗與蘇軾、張耒等唱和。甚精釋典，被稱為「佛門詩史」。宋釋惠洪《石門文字禪》云：「商老灌園修水之上，筆劃一出，人爭傳寶。」明陶宗儀《書史會要》云：「字畫有鐘、王之風，自言法右軍之贍麗，用魯公之氣骨，獵奇峭於誠懸，體韻度於凝式。」傳世書跡有《公辟家兄帖》（圖 1-25），紙本，草書，尺牘一則。共十一行，一百二十二字。縱三十點一釐米，橫四十三點六釐米。臺北「故宮博物院」藏。此帖敘述家常，看似隨意書之，但運筆中規合矩，細緻周密，結體斜側取妍，章法縱向流動，自由靈活而不散漫，表現出瀟灑幽默的情趣。

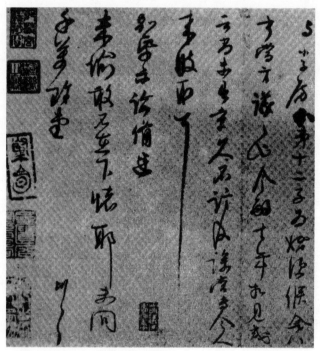

▲ 圖1-25　李彭《公辟家兄帖》

二、南宋書家

　　曾紆（1073-1135），字公卷，一作公袞，號空青老人，南宋南豐（今屬江西）人。文肅公曾布第四子。善詞翰。初以蔭補承務郎。紹聖中，復中鴻詞科。崇寧二年，坐元祐黨籍貶永州零陵（《宋會要輯稿》職官八六之七）。紹興初年，知撫州、信州、衢州三地。後改福建路提典刑獄，直寶文閣。有《空青集》。（事見王藻《浮溪集》卷二八《右中大夫直寶文閣知衢州曾公墓誌銘》）宋釋惠洪《石門文字禪》云：「公袞善書，行、草既不用

法，亦不祈工，其神娓娓，意盡則止耳。」傳世墨蹟有《草履帖》（又名《草履帖》《求援帖》）、《懷素自敘帖跋》。《草履帖》，紙本，草書，尺牘一則，共八行，五十九字。縱三十三點八釐米，橫四十五點八釐米。臺北「故宮博物院」藏。從內容可知，作者是在兵馬倥傯，「雨淖狼狽」之中，向一位「久直知

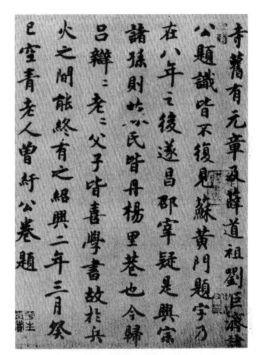

▲ 圖 1-26　曾紆《懷素自敘帖跋》

縣」求置草履（即草鞋）「以濟兵卒」。信札雖屬匆匆揮就，卻以豐富的筆墨表情和流動的氣韻傳達出作者遣詞命筆的心理狀態。行筆橫掃而下，恣肆自然，不求工而自工，給人以渾然天成的美感，是不可多得的妙佳作。《懷素自敘帖跋》（圖 1-26），紙本，行楷書，書於紹興二年（1132）。共十二行，一百五十六字。縱二十八點三釐米。臺北「故宮博物院」藏。此跋用筆圓厚，起筆收筆頓挫有力，筆劃挺勁舒展，結體平正疏朗，妙在融合顏、柳楷書，運筆精到，剛健清爽，一派唐人氣象充溢於字裡行間。

汪藻（1079-1154），字彥章，號浮溪，饒州德興（今屬江西）人。中進士第。調婺州觀察推官。徽宗親制《君臣慶會閣詩》，群臣皆賡進，唯藻和篇，眾莫能及。除《九域圖志》所編修官。欽宗即位，召為屯田員外郎，遷起居舍人。高宗踐祚，召試中書舍人，遷兵部侍郎，拜翰林學士。帝以所禦白團扇，親書「紫誥仍兼綰，黃麻似《六經》」十字以賜，縉紳豔之。紹興元年，除龍圖閣直學士，升顯謨閣學士。汪藻博及群書，多著述，工書翰。宋孫覿《鴻慶集》云：「浮溪工大小篆，得李斯、陽冰用筆意。」宋周必大《玉堂雜記》云：「學士院中有榜曰『摛文堂』，徽宗御書賜強承旨淵明，今乃汪彥章內翰藻所篆。」明陶宗儀《書史會要》亦云藻「工小篆」。存世書跡有《違別茲久帖》《即日帖》《誤食胡桃帖》《為熊叔雅硯銘》等。《宋史》卷四百四十五有傳。《違別茲久帖》，行書，筆法跳蕩靈活，似得米芾行書筆意；結體精緊峭拔而取豎長之勢，當是取法於歐陽詢。《即日帖》（圖 1-27），紙本，行書，尺牘一則，共七十一字。縱三十點一釐米，橫二十九點三釐米。故宮博物院藏。此帖用筆豐腴

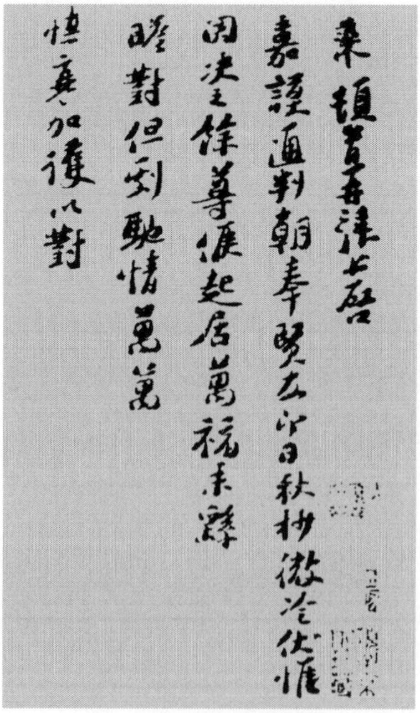

▲ 圖 1-27　王藻《即日帖》

跌宕，古拙凝重，得蘇軾天真爛漫之趣。字字獨立，但氣脈連貫，佈局也較自由。

王庭珪（1080-1171），字民瞻，號瀘溪（《四庫全書總目提要》作盧溪），吉州安福人。明趙琦美《鐵網珊瑚》云：「舉政和進士，調茶陵丞。孝宗初，除國子主簿，乾道間召對內殿，賜坐勞問，除直敷文閣，所著有《瀘溪集》。」此外著述頗多，均已佚。宋都穆《寓意編》云：「王瀘溪先生手書十簡，雖紙敝墨渝而此老正氣勃勃可挹。」事見《省齋文稿》卷二九《王公行狀》、本集卷首《王公墓誌銘》。王庭珪傳世墨蹟有楷書《頒惠帖》，點畫樸拙凝重，結體內鬆外緊，且略顯左低右高之勢，佈局疏朗有致。

楊邦乂（1086-1129），字晞稷，吉州吉水人。博古通今，以舍選登進士第。遭時多艱，每以節義自許，知溧陽縣。建炎三年（1129），金人渡江，金帥完顏宗弼率兵入城，守官李梲、陳邦光迎降，唯邦乂不屈膝，以血大書衣裾曰：「寧作趙氏鬼，不為他邦臣。」宗弼不能屈，遣人說降，邦乂嚴詞以拒，罵賊而死。事聞，即其地賜廟褒忠，諡忠襄。紹興七年（1136），樞密院言邦乂忠節顯著，加贈徽猷閣待制。《宋史》卷四四七有傳。明陶宗儀《書史會要》云：楊晞稷工筆札，其跡雜見《鳳墅續法帖》中。

向子（1086-1153），字伯恭，自號薌林居士，臨江（今江西樟樹）人。敏中玄孫。哲宗元符三年（1100），恩補假承奉郎，三遷知開封府咸平縣。紹興中，進徽猷閣待制，除戶部侍郎，以徽猷閣直學士知平江府。金使議和將入境。不肯拜金詔，忤秦檜

意，乃致仕。退閑十五年，號所居曰「蕭林」。他的「宏才偉績，精忠大節」（胡寅《題酒邊詞》），很受當時人們的嘉許。在文學創作上深受白居易影響。今存《酒邊詞》二卷，存詞一百七十餘首。

宋周密《雲煙過眼錄》云：「靈壁臥石上有刻字並小詩，皆向蕭林伯恭書。」明陶宗儀《書史會要》云：「蕭林書跡傳世，人多寶之。」有《題高宗臨蘭亭賜本》《杜門帖》《文字帖》等。《宋史》卷四百四十四《米芾傳》後有附傳。

朱松（1097-1143），字喬年，號韋齋，徽州婺源（今屬江西）人。朱熹之父。徽宗政和八年（1118）中進士第。胡世將、謝克家薦之，除祕書省正字。趙鼎都督川、陝、荊、襄軍馬，招松為屬，辭不就。鼎再相，除校書郎，遷著作郎，兼史館校勘，歷司勳、吏部郎、秦檜決策議和，松上章極言其不可。檜怒，風御史論松懷異自賢，出知饒州，未就，主管台州崇道觀。有《韋齋集》十二卷，外集十卷。外集已佚。朱熹《朱子文集》云：「先君少好學荊公書，偽作者，率能辨之。家藏遺墨數紙臨寫荊公本，恐後數十年，未必有能辨之者。」

陳康伯（1097-1165），字長卿，信州弋陽人。康伯幼有學行。宣和三年（1121），中上舍丙科。累遷太學正。康伯與秦檜太學有舊，檜當國，康伯在郎省五年，泊然無求，不偷合。秦檜死，拜參知政事。尋以通奉大夫守尚書右僕射，同中書門下平章事，高宗謂其「靜重明敏，一語不妄發，真宰相也」。復拜光祿大夫、尚書左僕射。孝宗即位，命兼樞密使，進封信國公。隆興初，乙太保、觀文殿大學士、福國公判信州。未幾，拜尚書左僕

射、同中書平章事兼樞密使，進封魯國公。卒，贈太師，諡文恭，改諡文正。有《陳文恭公集》。明陶宗儀《書史會要》云：「康伯工筆札，其跡雜見《鳳墅續法帖》中。」《宋史》卷三百八十四有傳。

　　胡銓（1102-1180），字邦衡，號澹庵，吉州廬陵（今江西吉安）人。建炎二年（1128），高宗策士淮海，銓策萬餘言，高宗見而異之，將冠之多士，有忌其直者，移置第五。紹興五年（1135），以呂祉薦，除樞密院編修官。八年，秦檜決策主和，銓抗疏直言，以是累遭貶謫。孝宗即位，遷秘書少監、兼權中書舍人，同修國史，尋兼國子祭酒，為工部侍郎。乾道中，除寶文閣待制，升龍圖閣學士、進端明殿學士。七年，以資政殿學士致仕。卒，諡忠簡。著有《易、春秋、周禮、禮記解》及《澹庵集》一百卷行於世。胡銓對經史百家之學均有所得，而且通曉繪畫藝術。並善書。宋林光朝《艾軒集》云：「胡侍郎大書『著作之庭』，其形摹濫觴發於小篆，豈八分未出，已有此書？」存世書跡有《台慈分賜札子》。《宋史》卷三百七十四有傳。胡銓的書法作品，有胡氏後人私藏的《胡氏譜牒》，筆劃飽滿厚重，結體穩健大方。

　　洪適（1117-1184），字景伯，號盤洲老人，饒州鄱陽（今屬江西）人。洪皓長子，與弟洪遵、洪邁皆以文學負盛名，有「鄱陽英氣鐘三秀」之稱。紹興十三年（1143），中博學鴻詞科。乾道六年拜尚書右僕射、同中書門下平章事。朝廷封鄱陽郡開國公，卒後又贈諡文惠。洪適以文著稱於時，好收藏金石拓本，並據以訂正史傳訛誤。其在學術方面主要致力於金石學研究，尤其

是其在知紹興府任內和家居十六年期間，用力尤多。著有《隸釋》《隸譜》《隸圖》《隸韻》等二十七卷及《隸續》十卷行於世。《中興藝文志》云：「洪適取古今石刻，法其字為之韻，辨其文為之釋，以辨隸書，曰《隸釋》《隸續》。」所著金石碑刻序記有《水經碑跋》《天下碑錄跋》《金石錄跋》《集古錄目跋》《集古錄跋》《論西京隸書》《論漢唐隸書》等。《宋史》卷三百七十三有傳。

　　《隸釋》的特色是專錄漢魏兩代字體為隸書的碑刻，所收一百八十九方碑刻，除自藏拓本外，還採錄見於《水經注》和歐陽修、趙明誠二書中符合收納範圍的內容。最為可貴的是，洪適有鑒於歐、趙二書的遺憾而做了一些改進，對每一篇隸書石刻文字都進行考釋，這樣就為在原碑磨滅的情勢下而保存了大量有價值的史料，同時有助於讀者讀懂存在較多別字的碑文。清永瑢等《四庫全書總目》卷八十六《史部·目錄類二》評曰：「歐、趙之書，第撮其目，不錄其文，而是書為考隸而作，故每篇皆依其文字寫之。以某字為某字，則具疏其下，兼核其關切史事者，為之論證。自有碑刻以來，推是書為精博。」[4]從書法角度看，《隸釋》對隸書的概念做了辨析，卷八《淳于長夏承碑》評云：「漢字有八分，有隸，其學中絕，不可分別。」卷十《安平相孫根碑》評云：「今之言漢字者，則謂之『隸』，言唐字者，則謂之『分』，殆不知在秦漢時分隸已兼有之。唐張懷瓘《書斷》云：

4　清永瑢等：《四庫全書總目》卷八十六，中華書局 1981 年版。

蔡邕八分入神，隸入妙。……蓋八分為小篆之捷，隸又八分之捷。」[5]這一見解對後人進一步探索隸書的源流頗有啟發。洪適書法穩健大氣，宋周必大《乾道庚寅錄》謂鵠山寺有雄跨堂，洪景伯書匾，頗雄偉。

洪遵（1120-1174），字景嚴，饒州鄱陽（今江西波陽）人。紹興十二年（1142）進士，與兄洪適、弟洪邁先後中博學鴻詞科，有「三洪」之稱。累官至翰林學士承旨、同知樞密院事、端明殿學士、提舉太平興國宮，卒諡文安。洪遵學識廣博，尤好收藏歷代貨幣，是著名的錢幣學家，所著《泉志》是我國最早的錢幣學著作。生平事蹟見《宋史》卷三七三。洪遵書法受蘇軾影響，其楷書間雜行書筆意，結體多取橫勢，筆劃圓熟，不激不厲，缺乏頓挫。傳世墨蹟有《睽遠帖》。

洪邁（1123-1202），字景廬，號容齋，別號野處，饒州鄱陽（今江西波陽）人。高宗紹興十五年（1145）進士，曾任吉州、贛州、紹興知府，官至端明殿學士，諡文敏。洪邁與父洪皓，兄洪適、洪遵皆為當朝顯官，且皆以文章名揚天下。洪邁博通史籍，著述豐富。有《欽宗實錄》《四朝國史》《容齋隨筆》《夷堅志》《野處類稿》等傳世。生平事蹟見《宋史》卷三七三、清錢大昕《洪文敏公年譜》、洪汝奎《洪文敏公年譜增訂》等。《容齋隨筆》是一部涉獵廣泛的隨筆集，分為《隨筆》《續筆》《三筆》《四筆》《五筆》五集七十四卷，內容包括經史、諸子百家和醫

---

5 曹寶麟：《中國書法史‧宋遼金卷》，江蘇教育出版社 1999 年版，第316-317 頁。

卜星算等。書中記敘了李白、杜甫、柳宗元、蘇軾等詩人的逸事和詩歌風貌。洪邁書法筆劃飽滿，受顏真卿、蘇軾影響較大，作品如跋歐陽修《集古錄跋尾》（圖1-28）。

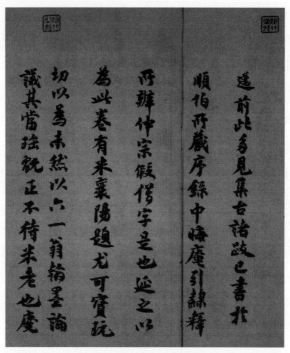

▲ 圖1-28　洪邁跋歐陽修《集古錄跋尾》

　　汪應辰（1119-1176），字聖錫，初名洋，登第時高宗為改今名。信州玉山（今屬江西）人。紹興五年（1135）進士第一人。授鎮東軍簽判。召為秘書省正字。時秦檜力主和議，應辰上疏謂和議不成非所患，秦檜大不悅，調為建州通判。辭歸。秦檜死，歷官袁州通判、吏部郎官，尋除秘書少監，遷權吏部尚書。孝宗即位後，與定朝典，出知福州，以敷文閣直學士任四川制置使，

知成都府。仕至吏部尚書、兼翰林學士並侍讀，以端明殿學士知平江府。為人剛正方直，敢言不避；接物溫遜，遇事特立不回，堅定不移。應辰少從呂居仁、胡安國遊；精於義理，好賢樂善，學者稱玉山先生。卒諡文定。著有文集五十卷，今傳《文定集》二十四卷。《宋史》卷三百八十七有傳。宋周必大《平園集》雲：「玉山汪公名重天下，人得尺牘榮之，與余通問，皆季路代作，當時翰墨已難得。」乾道四年（1168），汪應辰任成都知府時，將所收集到的蘇軾書法作品分三十卷，刻於府治西樓下，故名《西樓蘇帖》，今殘存十卷。汪氏離蘇軾生活年代不遠，所得皆真跡，故無一不妙，應為學蘇者所取徑。汪應辰存世墨蹟有《中庸畢工帖》（亦稱《子東學士帖》）（圖1-29），紙本，行書，尺牘一則。共九行，九十七字。縱三十點三釐米，橫三十九釐米。臺北「故宮博物院」藏。

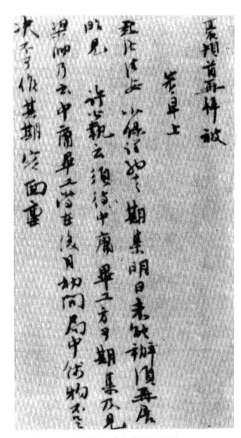

▲ 圖1-29　汪應辰《中庸畢工帖》

此帖筆致生動，點畫靈活多姿，隨著筆勢的跳動，結體時收時縱，時正時斜，章法時密時疏，自然酣暢。從嫻熟率意的行筆中可以想見作者輕鬆愉快的心情。

汪逵（生卒年不詳），字季路。宋信州玉山（今屬江西）人。紹興中，登進士第。與父汪應辰俱官至吏部尚書，端明殿學士。時稱「大小端明」。汪氏建集古堂，藏奇書秘跡，金石遺文二千卷。著有《淳化閣帖辨記》十卷，《藏唐人臨本四卷題跋》等。《宋史》卷四百一十有傳。

鍾傳（生卒年不詳），字弱翁。宋饒州樂平（今屬江西）人。本為一書生，因李憲推薦，為蘭州推官。紹聖中，以擊夏人功加秘閣校理，連進集賢殿修撰，知熙州。崇寧中，累擢顯謨閣待制、進龍圖閣直學士。卒，贈端明殿學士。宋彭乘《墨客揮犀》云：「鍾弱翁所至好貶剝，榜額字畫必除去之，出新意自立名，令具榜為重書之。」《宋史》卷三百四十八有傳。

鄭同（生卒年不詳），字亦虛。宋信州玉山（今屬江西）人。善書，有名于時，米芾嘗有帖與亦虛云：「畫寢，夢龍蛇繞榻，及覺，乃小兒披來翰也。其稱之如此。」見明華黼《廣信郡志》、謝旻《江西通志》卷一百六。

張熹（生卒年不詳），字子昭。宋鄱陽（今屬江西）人。黃伯思外弟。黃伯思《東觀餘論》稱張熹雅善法書。

楊無咎（1097-1169），「楊」一作「揚」，楊無咎自稱是漢代蜀郡艸玄（揚雄）後裔。字補之，自號逃禪老人、清夷長者、紫陽居士。南宋清江（今江西樟樹）人，後寓居豫章。高宗朝因恥于附勢秦檜，累召不赴。他為人耿直，不慕利祿，詩詞書畫皆

精。書法學歐陽詢，小變其體，江西碑碣多是無咎所書。小字尤清勁可愛。嘗自題所藏《邕禪師塔銘》後云：「予於率更為入室上足。」存世墨蹟有《均休帖》，紙本，行草書，尺牘一則。共九行，八十六字。臺北「故宮博物院」藏。此帖書法從歐陽詢楷書和行書演變而來，筆劃挺勁，結體中宮緊斂，窄長而穩實，佈局大小錯落，或疾或緩，流動的氣韻中兼有含蓄之美。

喻樗（？-1180），字子才，號湍石，宋南昌人。汪應辰之岳丈。[6]建炎三年（1129），中進士第。為人質直好議論。趙鼎都督川陝、荊襄，辟樗為屬。紹興初，授秘書省正字，後為大宗正丞，轉工部員外郎，出知蘄州。孝宗即位，用為提舉浙東常平，以治績聞。喻樗善識鑒，嘗言沈晦、張九成進士當第一，後果然。有《中庸大學論語解》《玉泉語錄》。宋朱熹《晦庵集》卷八十二《跋喻湍石所書相鶴經》云：「（《相鶴經》），湍石喻公所書，法度謹嚴，而意象蕭散。」又云：「朱鴻臚、喻工部書超然遠覽，追跡元常，嘗集其墨刻，以朱《樂毅書》喻《相鶴經》為絕倫。」《宋史》卷四百三十三有傳。

熊方（生卒年不詳），字廣居，豐城（今屬江西）人。靖康元年（1126）鄉舉貢士，官至迪功郎，參澧州軍事。工書法。高宗內禪，大書「堯舜」二字，表進，有旨付秘閣，除澧州路帥幕。有《補後漢書年表》，以經緯周密稱。著有《象山集》《豫章錄》《臨汝編》《道德經注》等。（見盧廷選《南昌縣誌》）

6　喻樗生卒年據曹寶麟《宋代書法史》，第 302 頁。

　　謝諤（1121-1194），字昌國，號艮齋，晚號桂山老人。臨江軍新喻（今江西新餘）人。紹興二十七年（1157）中進士第。選行縣事，改吉州錄事參軍。遷侍御史，再遷右諫議大夫兼侍講。光宗登極，除御史中丞，權工部尚書。謝諤為文仿歐陽修、曾鞏。初居縣南之竹坡，名其燕坐曰艮齋，人稱艮齋先生。晚居桂山，故也稱桂山先生。著作僅《兩宋名賢小集》卷一七八存《艮齋集》一卷。明陶宗儀《書史會要》云：「艮齋書法似蘇軾，而少變其體，自成一家。」元徐碩《至元嘉禾志》云：「海鹽新修學記，紹興三年謝諤記並書。」存世墨蹟有《傾耳劓切帖》（又名《垂訪帖》）。《宋史》卷三百八十九有傳。

　　《傾耳劓切帖》（圖1-30），紙本，行書，札子一則。共十三

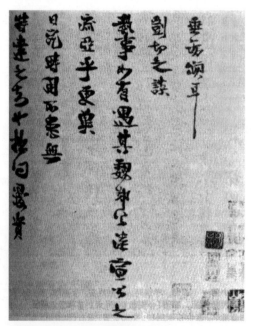

▲ 圖1-30　謝諤《傾耳劓切帖》

行，八十字。縱二十八點九釐米，橫四十八點五釐米。臺北「故宮博物院」藏。此帖書法面目別具一格，用筆尤其與眾不同，筆劃忽而重按，忽而輕提，忽而直行，忽而折曲，以至於點畫粗細、剛柔對比強烈，變化多姿。橫畫多藏鋒暗轉，含篆書筆意；轉折處頓挫分明，時用楷法。結體多內松外密，平扁健放。字距緊湊綿密，行距寬舒疏朗，字與字之間雖是牽帶流走，曲折縈回，卻始終不失莊重渾凝的意態。

楊芾（1096-1164），字文卿，宋吉州吉水人。楊萬里之父。性至孝，歸必市酒肉奉二親。紹興五年大饑，為親負米百里外，遇盜奪之，不與，盜欲兵之，芾慟哭曰：「吾為親負米，不食三日矣。」盜義而釋之。宋周必大《文忠集》卷十九《題楊文卿芾詩卷》云：「吉水楊公詩句典實，可以觀學問之富；字畫清壯，可以知氣節之高。」《宋史》卷四百五十六有傳。

楊萬里（1124-1206），字廷秀，號誠齋，吉州吉水人。紹興二十四年（1154）中進士第。為贛州司戶，調永州零陵丞。其時張浚謫永州，杜門謝客，萬里三往不得見，以書力請，始見之。張浚勉以正心誠意之學，萬里服其教終身，乃名讀書之室曰誠齋。光宗即位，召為秘書監。寧宗時，遷寶謨閣學士。萬里精於詩，光宗為書「誠齋」二字，學者稱「誠齋先生」。卒諡文節。有《誠齋集》《易傳》等傳世。萬里亦工書法，服膺米南宮。《誠齋集》卷十九有《跋米元章登峴大字帖》云：「某學書最晚，雖遍參諸方，然袖中一瓣香，五十年來未拈出也，今得見禮部『登峴』大字，乃知李密未見秦王耳。」（據《楊萬里文集》）誠齋傳世墨蹟有《首夏清和帖》《題袁起岩本蘭亭》等。《宋史》卷四百三十三有傳。

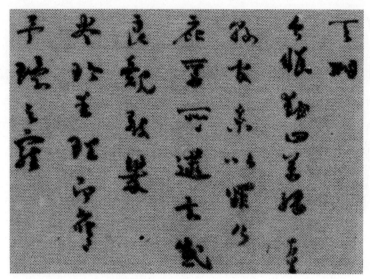

▲ 圖1-31　楊萬里《首夏清和帖》

　　《首夏清和帖》（圖1-31），筆劃飽滿，結體緊密，字距、行距均較疏朗，雖取法米芾，但缺乏米字開張縱逸的氣勢。

　　周利建（生卒年不詳），宋周必大之父。其先鄭州管城人。父詵，倅廬陵，因家焉。進士擢第，為太學博士。贈太師秦國公。周必大《平園集》云：「先君秦國公平生喜學蔡忠惠公書，家藏京師舊石刻兩卷，真、行、草畢備，妙絕一世。《詛楚文》，待制董公守汾日辨證刻石，先君實為書丹。」附見《宋史》卷三百九十一《周必大傳》。

　　周必正（1125-1205），字子中，自號乘成，廬陵（今江西吉安）人。周必大之兄。以祖蔭補迪功郎監潭州南嶽廟，貢至禮部，調袁州司戶參軍。孝宗召對，改知建昌軍南豐縣，秩滿除知舒州。善屬文，尤長於詩。必正亦工書。陸游稱其書有古法，四

方豐碑巨匾多出其筆。必大亦謂其季兄筆法絕高云。

周必大（1126-1204），字子充，一字洪道，自號平園老叟。其先鄭州管城人。高宗建炎二年（1128），其祖父周詵官江西吉州通判，於是定居盧陵（今江西吉安）。高宗紹興二十一年（1151）中進士，授徽州司戶參軍。紹興二十七年（1157），舉博學鴻詞科，歷官建康府教授、秘書少監兼權直學士院、吏部尚書兼翰林學士承旨、參知政事、知樞密院事。孝宗淳熙十二年（1185）任樞密使，十四年拜右丞相，十六年進左丞相，封許國公。光宗即位，拜少保，封益國公。紹熙二年（1191），因遭彈劾，以觀文殿大學士出任潭州通判，後改任隆興府通判。甯宗慶元元年（1195），以少傅致仕歸里。周必大在淳熙年間曾舉薦朱熹入朝奏事，而朱熹的「理學」到慶元二年（1196）遭到韓侂胄等權臣攻擊，被斥為「偽學」。所以周必大退休在鄉後，在朝的韓侂胄等權臣還指責他「立偽學之名，以禁錮君子」。嘉泰元年（1201），御史施康年又彈劾周必大「首倡偽徒，私植黨與」。朝廷將周必大的官職由少傅降為少保，第二年又恢復為少傅。嘉泰四年（1204），周必大卒於正寢，贈為太師，諡文忠。著有《平園集》二百卷。周必大善書，宋王柏稱他的字端重謹密，如其為人。劉克莊《後村集》云：「益公親書《艾軒神道碑》，真跡藏外孫方之泰岩仲家。」文天祥《文山集》云：「道林寺堂之顏，吾鄉益國周公書之。」書法論述有《論書》《跋撫州游氏武禊帖》等。《宋史》卷三百九十一有傳。

周必大傳世墨蹟有《西塞漁社圖卷跋》（圖1-32），紙本，縱四十釐米。刊於日本《書道全集》（十六）。此帖書法遠承二

▲ 圖1-32　周必大《西塞漁社圖卷跋》

王、歐陽詢、柳公權，用筆樸茂沉著，點畫厚重遒勁，尤其是波磔渾厚著力，橫畫平正，豎畫特長，結體偏長且內斂外疏，顯得端莊雅健。

　　陸九齡（1132-1180），字子壽。撫州金溪人。獨尊程氏之學，翻閱百家，晝夜不倦，悉通陰陽、星曆、五行、卜筮之說。登乾道五年（1169）進士第，調桂陽軍教授，改興國軍。以天下學術人才為念，與弟九淵相為師友，和而不同，學者號「二陸」。明徐一夔《始豐稿》云：「子壽窮性命之原，其於字畫未

必屑屑求工者，今觀所書，端穩深潤有法度，臨學之士，或有所未及，乃知有德有言者於區區字畫亦不苟。」《宋史》卷四百三十四有傳。

劉清之（1134-1190），字子澄。宋清江（今江西樟樹）人。甘貧力學，博極書傳。紹興二十七年（1157）登進士第。孝宗時召對，擢太常寺主簿。光宗即位，起知袁州。初，清之既舉進士，欲應博學鴻詞科。及見朱熹，盡取所習焚之，慨然志於義理之學。呂伯恭、張栻皆神交心契，汪應辰、李燾亦敬慕之。清之亦善書，宋朱熹《答呂伯恭書》云：「《濂溪祠記》屬子澄書而刻之。」著有《曾子內外雜篇》《墨莊總錄》《續說苑》《農書》及文集，多散佚。今存《戒子通錄》。《宋史》卷四百三十七有傳。

夏執中（**生卒年不詳**），字子權。宜春人。宋孝宗夏皇后之弟。補承信郎，累遷奉國軍節度使。寧宗即位，加少保。執中既貴，始從師學作大字，頗工。高宗行慶壽禮，近戚爭獻珍奇，執中獨大書「一人有慶，萬壽無疆」以進，高宗喜，賜賚甚渥。孝宗將大用之，謝曰：「他日無累陛下，保全足矣。」人益賢之。見《宋史》卷二百四十三《夏皇后傳》。

呂祖謙（1137-1181），字伯恭，尚書右丞好問之孫。自其祖始居婺州（今江西婺源）。

淵源家學，有中原文獻之傳。長從林之奇、汪應辰、胡憲遊，後來又與張栻、朱熹結為朋友，講索益精。初，蔭補外官，後舉進士，復中博學鴻詞科。除太學博士，尋除秘書郎、國史院編修官，實錄院檢討官。重修《徽宗實錄》。又類輯《皇朝文鑒》

一百五十卷。遷著作郎。祖謙治學以關學、洛學為宗，旁稽載籍，不見涯涘。心平氣和，不立涯異，一時英偉卓犖之士，皆歸心焉。既臥病。而任重道遠之意不衰。考定《古周易》，著有《書說》《辨志錄》《歐陽公本末》，皆行於世。晚年會友之地在金華城中麗澤書院。卒，諡曰成。宋朱熹云：「呂伯恭能書大字。」《宋史》卷四百三十四有傳。

呂祖謙的書法作品如《文潛帖》又稱《慰言帖》，紙本，行書。縱三十釐米，橫十八點八釐米。現藏北京故宮博物院。此帖是致劉焞的書札。劉焞，字文潛，成都人，曾任集英殿修撰，淳熙七年正月移知江陵。宋代朝議大夫與集英殿修撰同為正六品，上款稱其「知府朝議」，當在淳熙七年劉焞知潭州任時。因此，此帖應為淳熙七年（1180）所書，呂祖謙時年四十四歲。此帖筆法奇異，行筆婉轉、跌宕，簡牘精麗，為時所重。呂氏存世作品很少，故此帖極為珍貴。此帖內容如下：「祖謙上覆。文潛至孝知府朝謹兄，謹此附承慰唁。拳拳之意，不殊前幅。中甫昆仲，並想□痛難勝，亦不及一一上狀。祖謙上覆。」

曾三異（1146-1236），字無疑，號雲巢先生，南宋臨江軍新淦（今江西新幹）人。孝宗淳熙間舉人。理宗端平元年（1234），召為秘書省正字，二年，為大社令。著有《新舊官制通考》（《宋史·藝文志》）等。事見《鶴林玉露》乙編卷五。明隆慶《臨江府志》卷十二有傳。曾三異少有詩名，尤尊經學，擅長書法，能作小楷，書寫過《六經》諸書。

聶子述（生卒年不詳），字善之，號定齋。南宋建昌軍（今江西南城）人。南宋紹熙元年（1190）進士，開禧中知瑞金縣。

嘉定六年（1213）為著作郎，七年為將作少監，十年帥河東，十一年為工部侍郎，十二年為四川制置使，兼知成都府，後因張福之亂，罷歸里。寶慶三年（1227），由瑞金令徙知贛州，以華文閣直學士宣奉大夫的身份任贛州知府。後官吏禮部侍郎，曾出使金國。卒，諡文定，追封衛郡公。聶子述在為官治學的一生中，喜愛收藏古物，對名人書法更是情有獨鍾。他在帥蜀期間，收集了一大批文物財寶，到贛州後，重建唐代名跡鬱孤台。紹定元年（1228），他把家藏的宋代眾多的名人墨蹟輯摹刻石，命名為《鬱孤台法帖》。《宋拓鬱孤台法帖》原有多少卷，因原帖殘缺，清以前人的題跋也全部散失，故無法考查。現唯存上海圖書館藏殘帙二函，是上海圖書館鎮館之寶，屬國家一級文物。帖中收入了李建中、蔡襄、蘇軾、黃庭堅及宋徽宗趙佶等書家書作，尤以蘇、黃為主，集中展現了宋代一流書家的書法藝術。所收蘇軾諸帖就占殘帖上冊三分之二的篇幅，內容皆為傳世稀見之作，均為《晚香堂帖》所未收；蔡襄書杜牧《題木蘭廟詩》等大字，獨具顏書神韻；黃山谷大草書尤多禪語之作，可窺禪書韻味；宋徽宗草書《千字文》，為研究其書法提供了難得的材料。此帖為南宋刻石，帖以原書作上石，摹刻精善，非後來翻刻者所能比。此外，由於刻石與蘇軾、黃山谷等人生活年代相去未遠，故帖中所載詩文較多地保存了原來的面貌。所刻的詩文尺牘，或與現存詩集、文集互有異文，或為詩集、文集所未收，這對研究、考證唐宋詩文史事提供了珍貴資料。上海圖書館、上海書店出版社已於

1999 年聯合影印出版《宋拓鬱孤台法帖》。**7**

　　危和（生卒年不詳），宋寧宗時人。字祥仲。撫州臨川人。危積之弟。開禧元年（1205）登進士第。為上元主簿，大辟祠宇祭祀程顥，真德秀為記之。知德興，振荒有惠政。有《蟾塘文集》。明周暉吉《金陵瑣事》云：「方山定林寺碑乃宋嘉定庚辰進士朱舜庸撰，秦鑄書，危和篆額。」

　　董史（生卒年不詳），字良史，號閑中老叟，生活在南宋末年理宗、度宗時期，洪州（今江西南昌）人。受宋代收藏風氣影響，董史的收藏也很豐富，但在宋理宗景定元年（1260）毀於大火，後世幾乎沒有流傳。董史的《皇宋書錄》在《四庫全書》中名《書錄》，是一部專門記載宋代書家及諸多書法史問題的重要書學文獻。作者在咸淳乙丑（1265）冬至所作《書錄後跋》云：「庚申（景定元年）之火，藏書蕩盡，而《書錄》亦不復存。念始者編類非一日，采摭非一書，功成而廢，唯切悵悵。因憶曩時此錄之成，惟匡廬曹穀中稱之，蓋嘗轉寫。□□（缺二字）寄聲昌谷，因致此意。咸淳乙丑之夏，乃能以舊錄為寄，用充修校，復成此編，或可傳之好事，以畢餘志也。」（《四庫全書》本《書錄》）《皇宋書錄》共三卷，屬於書學史傳著作。《四庫全書總目提要》評曰：「其書皆紀宋代書家姓氏，分上、中、下三篇。上篇載藝祖至高宗，中篇載北宋書家一百十人，下篇載南宋書家四十五人。有見輒抄於帙，故不復以人品高下為詮次。凡諸書所有

7　水賚佑：《宋代帖學研究》，上海人民美術出版社 2001 年版，第 1 頁。

評論書法者，悉加采擷，匯次每人之後。更加外篇，附於卷末，所載女子六人。……錄中所紀，雖未為賅備，而徵引典核，考據精審，亦殊有體裁，非氾濫扯摭者可比。」曹寶麟《中國書法史・宋遼金卷》指出：此書的中、下篇，書家是按先後排列的，但又不甚嚴格，稍有出入自可勿較，有些則未免亂了倫次。如邵置於文同（1018-1079）之前就毫無道理，因為文氏去世時，邵氏最多也只是童稚。從書論方面看，董史在書中除徵引他書資料外，還能做出自己的評判。如批評米友仁的「橫斜之勢」是「效父體而用力太過耳」，即是非常中肯的看法。又如評論蔡京、蔡卞迎合時君所好，應屬於前人所未道：「愚按二蔡書跡，自徽宗皇帝好書，筆法瘦勁，一時鼓舞，故京、卞書札亦尚枯健，今往往於碑刻中見之。士大夫少稱之者，以人廢耳。」（《四庫全書》本《書錄》卷中）總之，《書錄》的成書背景緣於董史個人對書法的喜好及其豐富的收藏，再加上學術上的考究。《書錄》體例的最大特點就是體現了著述上的史、論、著結合的學術思想。

曾宏父（生卒年不詳），字幼卿，號鳳墅逸客，生活於南宋末年，廬陵（今江西吉安）人。《宋史》無傳，據康熙本《雷州府志》卷十記載，「寶慶年間（1225-1227）知雷州軍事」。他所輯刻的《鳳墅帖》始於嘉熙年間，成於淳祐年間，歷時七年。刻成後置於吉州曾氏家塾鳳山書院，因名《鳳墅帖》。此帖俱收宋朝君臣墨蹟，共四十卷，今有十二卷遺存。[8]曹寶麟《中國書法

8　水賚佑：《宋代帖學研究》，上海人民美術出版社 2001 年版，第 155 頁。

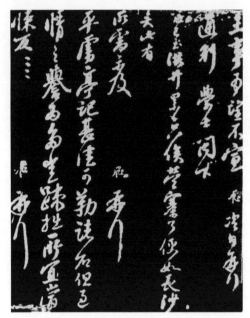

▲ 圖 1-33　曾宏父《鳳墅帖》收錄《岳飛尺牘》

史·宋遼金卷》說：「只因能見岳飛的一通尺牘，所以世傳的所謂岳飛《出師表》難逃其偽作的真形。」[9]（圖 1-33）

謝枋得（1226-1289），字君直，號疊山，信州弋陽（今江西弋陽縣）人。寶祐四年（1256）與文天祥同舉進士。為人豪爽，好直言，以忠義自任。應試建康，語侵賈似道，誣以不法，謫居興國軍，咸淳中赦歸。德祐元年（1275），以江東提刑江西招諭使，知信州。元兵東下，陷信州，乃變姓名入建甯唐石山，日麻衣躡履東向哭。已而賣卜建陽市，委以錢不取。宋亡，居閩中，留夢炎薦之不起，遺書有曰：「吾年六十餘，所欠一死耳，豈有它哉！」福建參政魏天祐強之而北，至都，遂不食死。世稱疊山先生。所著有《文章軌範》《疊

9　曹寶麟：《中國書法史·宋遼金卷》，江蘇教育出版社 1999 年版，第 369 頁。

山集》。元李存《俟庵集》卷二十六《題疊山先生臨終遺筆》雲：「今觀其筆力勁健，其語皆平時所以激勸勉人者，去此且百年，方凜凜生氣。」《宋史》卷四百二十五有傳。

　　文天祥（1236-1282），字宋瑞，又字履善，號文山。吉州吉水人。體貌豐偉，美皙如玉，秀眉而長目。寶祐四年（1256）舉進士，理宗親拔為第一。考官王應麟奏曰：「是卷古誼若高抬貴手，忠肝如鐵石，臣敢為得人賀。」開慶元年（1259），元兵圍鄂州，宦官董宋臣說上遷都，天祥上書「乞斬宋臣，以一人心」，並議防禦之計。意見未被皇帝採納。歷知瑞、贛等州。德祐元年（1275），元兵東下，文天祥發贛州豪傑入衛臨安。次年，除右丞相兼樞密使，使入元營談判，元軍統帥伯顏怒拘之。至鎮江，夜脫險逃入真州，復自瓜洲泛海至溫州。景炎二年（1277），以同都督出江西，收復州縣多處，後為元兵所敗，收殘軍奔駐南嶺、潮陽。次年，於五坡嶺（今廣東海豐縣）被執。元將張弘範誘降，文天祥書《過零丁洋》詩以明志。至大都，囚禁四年，不屈而死。臨刑從容，衣帶中有贊曰：「孔曰成仁，孟曰取義，惟其義盡，所以仁至，讀聖賢書，所學何事？而今而後，庶幾無愧。」有《文山先生全集》。《宋史》卷四百十八有傳。

　　文天祥書法以小篆、行草知名。明王鏊云：「公之精忠大節，焯焯天地間，而字畫精妙，雖紙墨之微，亦皆不苟。」明李時勉云：「觀公札子，其忠正之氣，凜然見於言詞之間，俯仰慨慕之餘，若將見之。」明張丑《管見》云：「信國書體清疏挺竦，其傳世《六歌》等帖，令人起敬起愛。」明陶宗儀《書史會要》

稱其「善小篆。嘗見丹書一硯後云：『紫之衣兮綿綿，玉之帶兮瀏瀏，中之藏兮淵淵，外之澤兮日宣，嗚呼！磨爾心之堅兮，壽吾文之傳兮。廬陵文天祥書。』共四十四字，筆劃貞勁似其人也。」其行草書流暢勁秀，頗具韻度，傳世墨蹟有《上宏齋帖》《草書木雞集序卷》《謝昌元座右自警辭》等，刻帖有《虎頭山詩》。

《上宏齋帖》，紙本，行草書。縱三十九點二釐米，橫一四九點九釐米。共五十三行。北京故宮博物院藏。明汪砢玉《珊瑚網》、鬱逢慶《鬱氏續書畫題跋記》，清《式古堂書畫匯考》、顧復《平生壯觀》、安岐《墨緣匯觀》等書著錄。本幅鑒藏印鈐項元汴、卞永譽、安岐、永瑆、奕繪、綿億諸印。卷後明李時勉，清永瑆、綿億、李端芬、朱益藩題跋。此帖內容是祝賀巨集齋（包恢）晉官，並述政治。書于宋度宗咸淳元年（1265），文天祥時年三十歲。是年正月文氏除湖南提刑，三月到任，書此札時尚在鄉里。關於此帖書寫緣由，明代李時勉跋曰：「蓋度宗初接位，招宏父為刑部尚書、簽書樞密院事，封南城縣侯，故公賀以此書也。」　此件書法似受蘇軾行書影響，筆劃挺勁，骨格清健，結體活潑靈動，氣勢融貫，古雅可愛。札中內容涉及文天祥在江西任上對贛寇「用兵丁萬人，聲罪致討」之事，對研究當時的歷史有重要價值。

《草書木雞集序卷》（圖 1-34），紙本，縱二十四點五釐米，橫九十六點五釐米。遼寧省博物館藏。此卷書於宋度宗咸淳九年（1273）冬至，作者時年三十八歲。文章是應同鄉張強之請而作。此卷章法極摹王羲之，筆法得力於懷素，通篇筆勢迅疾，線

條清秀瘦勁，疏朗的佈局中貫穿著俊逸健放之氣，得懷素狂草遺意而絕少跌宕之趣。

《謝昌元座右自警辭》，文天祥書于宋度宗咸淳九年（1273），紙本，草書。縱三十六點七釐米，橫三三五點七釐米。中國歷史博物館藏。其字兼用中鋒、側鋒，筆劃纖細秀穎，筆勢翻轉流動，瀟灑暢達，但缺乏勁拔沉雄的氣勢。清安岐《墨緣匯觀》評曰：「筆法清勁縱任，不苟其辭。」此帖與《草書木雞集序卷》合稱「姊妹篇」，書後有大量名家題跋，因文天祥的「孤忠完節」而視此卷為「天球河圖」。

《虎頭山詩》，拓本，每頁縱二十九點五釐米，橫十四點一釐米。明代刻入《停雲館法帖》，現藏日本東京書道博物館。此帖是用血淚寫成的愛國詩篇，充滿亡國的悲痛。詩云：「早不逃

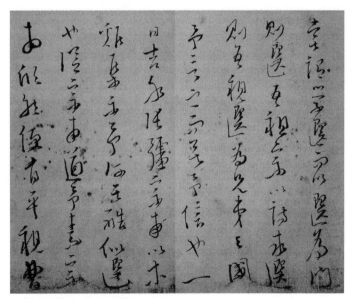

▲ 圖 1-34　文天祥《草書木雞集序卷》

秦帝，終然陷楚囚。故園春草夢，舊國夕陽愁。妾婦生何益？男
兒死未休。虎頭山下路，揮淚憶虔州。」筆劃細勁，牽絲較多，
頗似他鬱結難解的心境。

　　文天祥的忠節深得人民的愛戴，因其人而愛其書，雖北方淪
陷區的遺民也是如此。元初周密的《癸辛雜識》續集卷下《文山
書為北人所重》云：「平江趙升卿之侄總管號中山者云：近有親
朋過河間府，因憩道旁，燒餅主人延入其家，內有小低閣，壁貼
四詩，乃文宋瑞筆也。漫云：『此字寫得也好，以兩貫鈔換兩幅
與我，如何？』主人笑曰：『此吾家傳寶也，雖一錠鈔一幅，亦
不可博。咱們祖上亦是宋氏，流落在此。趙家三百年天下，只有
這一個官人，豈可輕易把與人邪！文丞相前年過此，與我寫的，
真是寶物也。』斯人樸直可敬如此，所謂公論在野人也。」（《四
庫全書》本《癸辛雜識續集》）

　　王瑁（生卒年不詳），字中玉。宋孝宗時玉山人。登進士
第，後為侍從。善楷書，作夢山堂。一時名流如呂東萊皆有題
詠。見明華繡《廣信郡志》。

　　杜良臣（生卒年不詳），字子卿。宋豫章（今江西南昌）
人。明陶宗儀《書史會要》云：「良臣學問該洽，以小篆重一
時，筆法精妙。考究古學為詳。」傳世書跡有《勤顧帖》（圖
1-35），紙本，行草書。縱二十六點四釐米，橫三十八担三釐
米。共十三行，一百二十三字。臺北故宮博物院藏。此帖行筆流
暢勁健，圓潤妍美，點畫翻轉，曲折多變。前幾行行距較密，後
半部疏朗，似山澗流水，由急而緩，實為得心應手之作。

　　甘叔異（生卒年不詳），字同叔。宋豐城（今屬江西）人。

力學精思，工於詩詠。
淳熙五年（1178）進
士。參桂州民曹，攝荔
浦縣。著有《節軒集》，
見《南昌府志》。明陶
宗儀《書史會要》云：
「叔異行書學米芾，草
書學黃庭堅。」

**蕭峀（生卒年不
詳）**，字則山，號大
山。宋新喻（今江西新
餘）人。紹定五年
（1232）中進士第。以
史館校勘遷武學博士。
進大府丞，求補外，遂

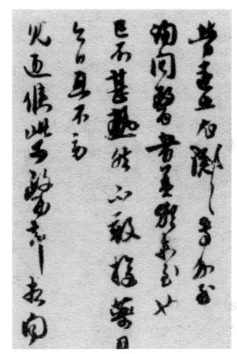

▲ 圖1-35　杜良臣《勤顧帖局部》

奉祠，得肆力於文字。工篆隸，凡名勝匾額多其所書，尤善吟
詠。見明管大勳《臨江府志》。

趙昌甫（生卒年不詳），宋信州（今江西上饒）人。宋趙師
秀《清苑齋詩集》有師秀《敬謝章泉趙昌甫二十韻》，內有「文
章出晚歲，字畫猶壯齡」之句。

袁坰（生卒年不詳），宋豫章（今江西南昌）人。明陶宗儀
《書史會要》云：「坰字季野。學率更書，亦遒媚可愛。」

熊與和（生卒年不詳），宋豫章（今江西南昌）人。元杜本
《穀音》云：「熊與和字天樂。性介澹，不娶妻，不食肉，通經

史百氏之書。布衣草屨，遨遊名山，尤嗜彈琴，工草書。」

第二節 ▶ 歐陽修的書法理論和書法創作

歐陽修（1007-1072），字永叔，號醉翁、六一居士，吉州吉水（今屬江西）人。仁宗天聖八年（1030）進士。官館閣校勘，因直言論事貶知夷陵。慶曆中任諫官，支持范仲淹，要求在政治上有所改良，被誣貶知滁州。後官至翰林學士、樞密副使、參知政事。王安石推行新法時，歐陽修對青苗法有所批評。晚年退居潁州。卒，諡文忠。《宋史》卷三百一十九有傳。在宋代文化史上，歐陽修是一位儒學思想家、史學家、文學家及文壇領袖。他主張文章應「明道」、致用，對宋初以來靡麗、險怪的文風表示不滿，並積極培養後進。他的散文說理暢達，抒情委婉，為「唐宋八大家」之一；詩風與其散文近似，語言流暢自然。其詞婉麗，承襲南唐餘風。他曾與宋祁合修《新唐書》，並獨撰《新五代史》。又喜收集金石文字，編為《集古錄》，對宋代金石學頗有影響。有《歐陽文忠集》。

一、歐陽修的書法理論

在宋代文化史上，歐陽修雖然不以書法創作著稱，但對書法也多有論述。他的書法理論著作有《集古錄跋尾》十卷、《試筆》《筆說》《硯譜》《試筆詩》《學書詩》等。其中，《集古錄》是一部金石資料彙編，所收碑刻，或是對糾正史料之誤、填補史料之缺有價值的金石銘文，或是雖無史料價值，但字體美觀，格調高

古，書法意味濃厚的碑刻作品。此外，歐陽修在一些信札中也論及書法問題。從歐陽修的書法著作和信札中，我們可以看出他對書法藝術的合理見解。

（一）主張「學書為樂」

主張「學書為樂」，把書法作為一種情趣來追求，這是歐陽修書論中最突出而又與前人不同的書法美學觀點。其《筆說·學書靜中至樂說》云：「有暇即學書，非以求藝之精，直勝勞心於他事爾。……學書不能不勞，獨不害情性耳。要得靜中之樂者，惟此耳。」[10]歐陽修認為「有暇即學書」，不僅「不害情性」，而且能「得靜中之樂」。其《試筆·學書為樂》云：「蘇子美嘗言，明窗淨几，筆硯紙墨，皆極精良，亦自是人生一樂。然能得此樂者甚稀。其不為外物移其好者，又特稀也。余晚知此趣，恨字體不工，不能到古人佳處。若以為樂，則自足有餘。」在這裡，歐陽修引蘇舜欽的話，強調明窗淨几的環境，加上精良的筆墨紙硯，自是人生的一大樂趣。歐陽修在談到自己一生的興趣愛好時，還寫道：「自少所喜事多矣，中年已來，漸以廢去。或厭而不為，或好之未厭，力有不能而止者。其愈久益深而尤不厭者，書也。至於學字，為於不倦時，往往可以消日。乃知昔賢留意於此，不為無意也。」（《試筆·學書消日》）歐陽修從自身的體會

---

10 《歐陽修全集》，中國書店 1994 年 12 月版，第 1044 頁。以下所引歐陽修詩、文，均據此本。

中感到，學書之事不會因年老而厭倦、廢棄，相反，學書能使人不知疲倦，不知老之將至，學書是消磨時光的最好的娛樂活動。

從「學書為樂」的觀點出發，歐陽修進而認為，書法創作但求寓心於書，不必計較書之工拙。其《試筆・學書工拙》寫道：「每書字，嘗自嫌其不佳，而見者或稱其可取。嘗有初不自喜，隔數日視之，頗若稍可愛者。然此初欲寓其心以銷日，何用較其工拙，而區區於此。遂成一役之勞。豈非人心蔽於好勝耶？」在《筆說・夏日學書說》一文中，歐陽修自述作書的體會，云：「夏日之長，飽食難過，不自知愧。但思所以寓心而銷晝暑者，惟據案作字，殊不為勞。當其揮翰若飛，手不能止，雖驚雷疾霆，雨雹交下，有不暇顧也。古人流愛，信有之矣。字未至於工，尚已如此。使其樂之不厭，未有不至於工者。使其遂至於工，可以樂而不厭，不必取悅當時之人，垂名於後世，要於自適而已。」在漫長而炎熱的夏天，作者覺得「寓心而銷晝暑」的最好方式是「據案作字」，揮毫若飛，手不能止，不僅不感到勞累，而且無暇顧及驚雷閃電的天氣變化，心情完全沉醉在書法創作之中，自感其樂無窮。「使其樂之不厭」數句，說明瞭興趣與技藝的關係，對書法樂之不厭，字就會越寫越精到；字寫得精到，樂趣更濃，這樣就能在書法中得到快慰，能寫出垂名於後世的好作品，兩者相互促進。

歐陽修還認為讀帖、收藏字帖也是人生的一種樂趣。其《集古錄跋尾》卷十《雜法帖六》云：「學書不必憊精疲神於筆硯，多閱古人遺跡，求其用意，所得宜多。」「吾有《集古錄》一千卷，晚又得此法帖，歸老之計足矣。寓心於此，其樂可涯。」「老

年病目，不能讀書，又艱於執筆，惟此與《集古錄》，可以把玩。而不欲屢閱者，留為歸潁銷日之樂也。」這則書論是說，「多閱古人遺跡」，把玩古代法帖，不僅可以學到古人的筆法意趣，而且能從中獲得一種愉悅。歐陽修對收藏碑刻也充滿濃厚的興趣，其《書簡》卷三《與馮章靖公》曰：「承惠寄碑刻，既博而精，多所未見，寡陋蒙益，而私藏頓富矣。中年早衰，世好漸薄，獨於茲物，厥嗜尤篤。而俗尚乖殊，每患不獲同好。凡如所惠，僅得二三，固已為難。而驟獲如是之多，宜其如何為喜幸也。」在《集古錄序》中，歐陽修對收藏金石之事做了較全面的闡述：「物常聚於所好，而常得于有力之強。有力而不好，好之而無力，雖近且易，有不能致之。」「凡物好之而有力，則無不至也。」「予性顓而嗜古。凡世人之所貪者，皆無欲於其間，故得一其所好於斯。好之已篤，則力雖未足，猶能致之。」「或譏予曰：『物多則其勢難聚，聚久而無不散。何必區區於是哉？』予對曰：『足吾所好，玩而老焉，可也。象犀金玉之聚，其能果不散乎？予固未能以此而易彼也。』」歐陽修認為，收藏金石之類的文物，須有主、客觀條件，主觀上有收藏文物的癖好，客觀上具有收購文物的財力。相比較而言，主觀上的愛好似乎更重要，「好之已篤，則力雖未足，猶能致之」。歐陽修還自稱，收藏金石的目的是「足吾所好，玩而老焉」，可見他對收藏金石之事情有獨鍾。

其實，歐陽修收集、編纂《集古錄》的過程也是充滿艱辛的，其《與蔡君謨求書集古錄序書》云：「蓋自慶曆乙酉逮嘉祐壬寅，十有八年而得千卷，顧其勤至矣，然亦可謂富哉。」「然

則字書之法，雖為學者之餘事，亦有助於金石之傳也。」這段文字告訴我們，《集古錄》費時十八年，收集碑刻達千卷之多，美觀而有法度的書法作品有助於金石的流傳。

正因為歐陽修強調「學書為樂」，把寫字、賞帖、收藏作為娛悅心性的手段，所以他反對把書法作為終身事業的做法，認為「以學書為事業，至終老而窮年」，必然會「疲弊精神」，使自己勞累困苦。其《集古錄跋尾》卷八《唐僧懷素法帖》云：「懷素，唐僧，字藏真，特以草書擅名當時，而尤見珍於今世。予嘗謂法帖者，乃魏晉時人，施于家人朋友，其逸筆餘興，初非用意，而自然可喜。後人乃棄百事，而以學書為事業，至終老而窮年，疲弊精神，而不以為苦者，是真可笑也。懷素之徒是已。」懷素是唐代狂草大師，他以畢生精力從事書法創作，成就卓著。而歐陽修卻認為懷素「以學書為事業，至終老而窮年」的做法，「是真可笑也」。這種評述，顯得偏頗，而與歐陽修「以書為樂」的書學思想是一致的。

歐陽修這種「學書為樂」的觀點與他優遊遣玩的人生態度密切相關。受儒家「志於道，據於德，依於仁，遊於藝」（《論語・述而篇》）的人生哲學的影響，歐陽修具有正視現實、勇於進取的入世精神，但無休止的宦海風波和人事傾軋，又使他從貶官滁州開始，就萌生了優遊林泉的意趣，而且磨煉出一種「遣玩」的意興。所謂「遣」，是把內心的悲哀、痛苦排除掉，遣送掉；所謂「玩」，是以賞愛、把玩的心情來欣賞眼前的美好事物。歐陽修懂得在苦難中用種種美好的事物來排遣內心憂愁哀傷，在賞玩中求得一種樂趣。其《歸田錄序》云：「歸田錄者，朝廷之遺

事。史官之所不記，與夫士大夫笑談之餘而可錄者，錄之以備閒居之覽也。」「蓋方其壯也，猶無所為。今既老且病矣。是終負人主之恩，而徒久費大農之錢，為太倉之鼠也。為子計者，謂宜乞身於朝，退避榮寵，而優遊田畝，盡其天年。」歐陽修晚年自號「六一居士」，更集中地表現了「遣玩」的意興：「或問余曰：何謂六一居士？余曰：吾家有書一萬卷，集古錄一千卷。棋一局，琴一張，常置酒一壺。問者曰：此五一也，奈何？余曰：以吾一翁老於五物之間，豈非六一乎？」（《集古錄跋尾》卷七）歐陽修這種遣玩的意興，不僅表現在詩、詞、文中，而且滲透到書法之中。如《試筆》詩云：「試筆消長日，耽書遣百憂。餘生得如此，萬事復何求。黃犬可為戒，白雲當自由。無將一抔土，欲塞九河流。」此詩前四句抒寫揮毫作書的目的，在於「消長日」「遣百憂」，樂在其中。後四句借李斯被腰斬於咸陽市之典，表現出退隱思歸、追求安閒的人生態度。《學書二首》之二云：「學書不覺夜，但怪西窗暗。病目故已昏，墨不分濃淡。人生不自知，勞苦殊無憾。所得乃虛名，榮華俄頃暫。豈止學書然，作銘聊自鑒。」歐陽修陶醉於學書之中，從白天到黑夜，不知疲倦。他回顧自己的一生，深感榮華短暫，虛名無益。可見，歐陽修「遣玩」的意興，不是膚淺的追歡逐樂，而是透過人生的悲慨所追求的高雅的樂趣，是追求自然適意的士大夫人生哲學的表現。

（二）崇尚高雅脫俗的書法品位

歐陽修在鑒賞碑帖時，最推崇魏晉法帖的「逸筆」「高致」。其《集古錄跋尾》卷四《晉王獻之法帖》自稱：「余嘗喜覽魏晉

以來筆墨遺跡而想前人之高致也。所謂法帖者，其事率皆吊哀候病，敘睽離，通訊問，施於家人朋友之間，不過數行而已。蓋其初非用意，而逸筆餘興，淋漓揮灑，或妍或醜，百態橫生，披卷髮函，爛然在目，使人驟見驚絕。徐而視之，其意態愈無窮盡。故使後世得之以為奇玩，而想見其人也。」歐陽修認為，所謂魏晉人的法帖，其實都是親朋好友之間往來的信札，寥寥數行，隨意揮灑，百態橫生，後人觀賞魏晉人的筆墨遺跡，自然就會聯想到魏晉人飄逸灑脫的神情。歐陽修在論及魏碑時，認為魏碑「筆劃不甚佳，然亦不俗」（《集古錄跋尾》卷四《魯孔子廟碑》）；論唐人書時，則曰：「唐人字皆不俗，亦可佳也。」（《集古錄跋尾》卷五《隋老子廟碑》）並認為「書之盛，莫盛于唐」（《集古錄跋尾》卷六《唐安公美政頌》）。

　　歐陽修對宋初書風深表不滿，認為：「自唐末干戈之亂，儒學文章，掃地而盡。宋興，百年之間，雄文碩儒，比肩而出。獨字學久而不振，未能比蹤唐之人。」（《集古錄跋尾》卷四《範文度模本蘭亭序》）甚至感歎：「書之廢，莫廢於今。」（《集古錄跋尾》卷六《唐安公美政頌》）歐陽修不喜歡「肥字」，並諷刺說：「世之人有喜作肥字者，正如厚皮饅頭，食之未必不佳，而視其為狀，已可知其俗物。」（《筆說·世人作肥字說》）在歐陽修看來，肥厚的字顯得笨重、庸俗，缺乏清雅之氣。當然，這只是歐陽修的一家之說，不帶普遍性。

　　歐陽修還認為，字的品位與人的性格密切相關。《集古錄跋尾》卷九《唐磻溪廟記》評唐人高駢的書法，云：「駢為將，嘗立戰功。威惠著於蠻蜀，筆研固非其所事。然書雖非工，字亦不

俗。蓋其明豪爽儁，終異庸人。」認為高駢書雖非工，但不俗，與其明豪爽儁的性格相關。在談到石曼卿的詩書時，歐陽修寫道：「石曼卿自少以詩酒豪放自得，其氣貌偉然，詩格奇峭。又工於書，筆劃遒勁，體兼顏柳，為世所珍。」（《六一詩話》）歐陽修崇尚高雅脫俗的書法觀點，直接影響到蘇軾、黃庭堅，並在蘇黃的書法理論中得到進一步發揮。**11**

　　與崇尚高雅脫俗這一觀點密切相連的是，歐陽修還重視人品對書品的影響，這一觀點主要體現在對顏真卿等書家的評價上。《集古錄跋尾》卷七《唐顏魯公書殘碑》云：「余謂顏公書，如忠臣烈士、道德君子。其端嚴尊重，人初見而畏之，然愈久而愈可愛也。其見寶於世者不必多，然雖多而不厭也。故雖其殘缺，不忍棄之。」《集古錄跋尾》卷七《唐湖州石記》云：「公忠義之節，明若日月，而堅若金石，自可以光後世，傳無窮，不待其書，然後不朽。然公所至必有遺跡，故今處處有之。唐人筆跡見於今者，惟公為最多。」《集古錄跋尾》卷七《唐顏魯公二十二字帖》又云：「斯人忠義，出於天性。故其字畫剛勁獨立，不襲前跡，挺然奇偉，有似其為人。」這三段書論意在強調，顏真卿忠義之節，明若日月，堅若金石，故其字畫剛勁獨立，不襲前跡，挺然奇偉，有似其為人。顏真卿書法，如忠臣烈士、道德君子，為後世所推崇、寶愛。

---

11 詳見文師華《論蘇軾的書法美學理論》，《南昌大學學報》1997 年第 4 期；《黃庭堅書法的創新精神》，《江西社會科學》1996 年第 7 期。

　　歐陽修《筆說・世人作肥字說》認為：「字法中絕，將五十年，近日稍知以字書為貴，而追跡前賢，未有三數人。古之人皆能書，獨其人之賢者，傳遂遠。然後世不推此，但務於書。不知前人工書，隨與紙墨泯棄者，不可勝數也。使顏公書雖不佳，後世見者必寶也。楊凝式以直言諫其父，其節見於艱危。李建中清慎溫雅，愛其書者兼取其為人也……非自古賢哲必能書也，惟賢者能存爾。其餘泯泯，不復見爾。」這段書論進一步強調，學書者要想使自己的書法作品傳之久遠，不僅要加強書法技能的訓練，更重要的是必須具有高尚的道德情操，這反映了歐陽修重視人品修養的儒家審美觀念，也是宋代文人共同的審美觀之一。

（三）提倡在「師古」中求創新

　　歐陽修在兒童時代，曾臨摹唐代虞世南所書《孔子廟堂碑》，後又學李邕的書法，並從中悟得筆法。他在《試筆・李邕書》一文中詳細地記錄了自己的體會：「余始得李邕書，不甚好之，然疑邕以書自名，必有深趣。乃看之久，遂謂他書少及者。得之最晚，好之尤篤。譬猶結交，其始也難，則其合也必久。余雖因邕書得筆法，然為字絕不相類，豈得其意而忘其形者邪？因見邕書，追求鍾王以來字法，皆可以通，然邕書未必獨然。凡學書者，得其一，可以通其餘。余偶從邕書而得之耳。」這段書論表述了三層意思：其一，歐陽修對李邕的字有一個認識過程：由當初「不甚好之」，到最後「好之尤篤」。其二，歐陽修從李邕的字中獲得了筆法，但並沒有完全模仿李邕的字，而是「得其意而忘其形」，繼承中有創新。其三，歐陽修認為李邕的字也不是

孤立存在的一種書體，而是對鍾王以來字法的繼承發展，透過李邕的字，可以進一步窺探鍾王的筆法，因此「凡學書者，得其一，可以通其餘」。

在學習書法的途徑方面，歐陽修始終反對那種「不師乎古」「率然以自異」的做法。在《與石推官第一書》中，歐陽修針對石守道寫字時「率然以自異」的情況，寫道：「況今書，前不師乎古，後不足以為來者法。雖天下皆好之，猶不可為。況天下皆非之，乃獨為之，何也？是果好異以取高歟？」「今足下端然居乎學舍，以教人為師，而反率然以自異，顧學者何所法哉？不幸學者皆從而效之，足下又果為獨異乎？今不急止，則懼他日有責後生之好怪者。」在《與石推官第二書》中，歐陽修又針對石守道「己之所學，乃堯舜周孔之道，不必善書」的觀點，進一步予以辯駁，云：「然至於書，則不可無法。古之始有文字也，務乎記事，而因物取類為其象。故周禮六藝，有六書之學，其點畫曲直，皆有其說。」「書雖末事，而當從常法，不可以為怪。」石守道與歐陽修是同年進士，在這兩封信中，歐陽修直言不諱地批評了石守道作書「率然以自異」、輕視書法的行為，認為石氏身居學舍，作書不師古法，一味求怪，不能成為後生學習的榜樣，強調學書「當從常法，不可以為怪」。這一觀點對今人仍有指導意義。

歐陽修自己學書，十分注重「常法」。其《試筆》云：「自此已後，只日學草書，雙日學真書。真書兼行，草書兼楷，十年不倦，當得書名。」又云：「作字要熟，熟則神完氣實而有餘，於靜坐中自是一樂事。」「學書勿浪書。事有可記者，它時便為

故事。」其《筆說》一文強調：「學書當自成一家之體，其模仿他人，謂之奴書。」從歐陽修的書法創作實踐看，歐陽修書如其人，有鮮明的個性。

綜上所述，歐陽修的書法美學觀包括：主張「學書為樂」、崇尚高雅脫俗、重視人品對書品的影響、提倡在「師古」中求創新等四個方面，其中「學書為樂」是歐陽修書法美學觀的核心。歐陽修的書法美學觀中滲透著儒家居仁遊藝的思想和重視人品節操的道德準則，同時也表現出史學家、文學家的學識和審美趣味。

二、歐陽修的書法創作

歐陽修的書法創作，雖然成就不高，但也有自己的風貌，值得珍愛。蘇軾《題歐陽帖》云：「歐陽公書，筆勢險勁，字體新麗，自成一家。」[12]《跋歐陽文忠公書》評曰：「歐陽文忠公用尖筆乾墨，作方闊字，神采秀髮，膏潤無窮。後人觀之，如見其清眸豐頰，進趨裕如也。」[13]這兩則題跋表達了蘇軾對歐陽修書法的準確評價。歐陽修傳世的書跡有《集古錄跋尾》《致端明學士尺牘》《付書局帖》《灼艾帖》等。

《集古錄跋尾》（圖 1-36），紙本，楷書，縱二十七點二釐米，橫一七一點二釐米。臺北「故宮博物院」藏。清孫承澤《庚

---

12 孔凡禮點校：《蘇軾文集》，中華書局 1982 年版，第 2197 頁。
13 《蘇軾文集》，第 2185 頁。

子消夏記》評曰：「文忠《集古錄》十卷，皆手題之，古今 觀也。公精於書學，所題一筆一畫，毫無懈意，即此可見公一斑。」此帖主要繼承唐人楷法，用筆一絲不苟，提按頓挫分明，點畫工整，卻又活潑。結體嚴謹而不刻板，工整而尚靈動。行距較寬，字距較密。字形大小也較自由，不強作一律。行氣自然貫通，有行書的流暢感。

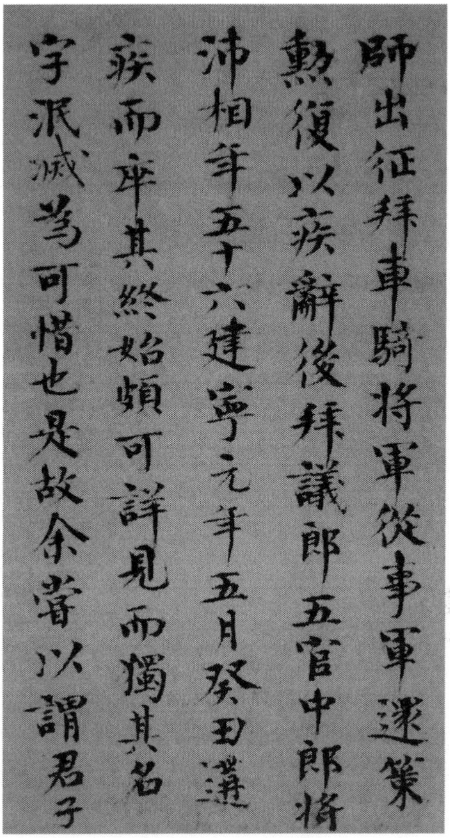

《致端明學士尺牘》，又名《上恩帖》，歐陽修書於熙寧五年

▲ 圖1-36　歐陽修《集古錄跋尾》

（1072），紙本，行書。縱三十五點九釐米，橫五十三點四釐米。故宮博物院藏。此帖多有「尖筆」，其中長撇與懸針豎尖而長，顯得神采外露，險勁俏麗。「乾墨」較多，顯得蒼勁古拙，持重老成。字形方而闊，顯得既端莊凝重，又疏朗清新。全篇格調高雅，不媚不俗，健挺有力，靈動中蘊含凝重之氣。

《付書局帖》，紙本，行楷書，共三行，三十七字。縱二十

三點六釐米，橫九點八釐米。《石渠寶笈初編》著錄，臺北「故宮博物院」藏。此帖結體端嚴遒麗，中宮舒展得當，向外拓展峻峭有度，通篇給人以安詳穩重之感。

《灼艾帖》，歐陽修書於嘉祐元年（1056），紙本，縱二十五釐米，橫十八釐米。行書。故宮博物院藏。此帖筆劃柔和，結體方闊而略呈側勢，不及《致端明學士尺牘》那樣厚重老成。

第三節 ▶ 朱熹的書法觀念和書法創作

朱熹（1130-1200），字元晦，晚號晦翁，又號晦庵、紫陽、考亭、雲谷老人、滄州遁叟。徽州婺源（今江西婺源）人，以父游宦福建，徙居龍溪縣。紹興十八年（1148）進士，歷仕高、孝、光、寧宗四朝，官職累至寶文閣待制。秉性剛直，嘗知南康、潭州，復興白鹿洞書院及嶽麓書院，講學授徒，力正風教。其為學，大抵窮理以致其知，反躬以踐其實，而以居敬為主，集宋代理學之大成。卒諡文，封信國公，改徽國，從祀孔廟，世稱「朱子」。著述宏富，有《易本義》《詩集傳》《大學中庸章句》《論語集注》《孟子集注》等，平生為文凡百卷，生徒問答八十卷，別錄十卷。《宋史》卷四百二十九有傳。

朱熹是理學大師，但對詩歌和書法均有濃厚的興趣，他的書法觀念帶有理學色彩，他的書法創作表現出濃厚的書卷氣息。

一、朱熹的書法觀念

理學家從以道為本的立場出發，對藝術抱輕視的態度。如周

敦頤提出「文以載道」，程頤、程顥以為「道為文心」，都把文藝作為道的附庸。朱熹則認為世間一切都是道的表現，文當然也不例外，他在《朱子語類》卷一三九中提出「文皆是從道中流出」的觀點，並說：「道者，文之根本；文者，道之枝葉。唯其根本乎道，所以發之于文，皆道也。三代聖賢文章，皆從此心寫出，文便是道。」**14**在朱熹看來，聖賢以道為心，聖賢之文只是「道心」的自然流露，道與文的關係好比草木的根與枝葉，文從道中流出，就像枝葉從根上長出一樣。

朱熹這種論文的主張，也可通於他對藝術的見解。在書法方面，他強調人的道德修養，如他在《題曹操帖》中說：「余少時曾學此表，時劉共父方學顏書《鹿脯帖》，余以字畫古今誚之。共父謂予：『我所學者，唐之忠臣，公所學者，漢之篡賊耳。』時予默然亡以應，今觀此謂『天道禍淫，不終厥命』者，益有感于共父之言云。」（以上《四庫全書》本《晦庵集》卷八十二）在劉共父和朱熹看來，曹操是篡奪君位的叛賊，其大節已虧，故其書也不足取，而顏真卿是氣節凜然的忠臣，故其書足以流傳後世。

朱熹在評論古今書法時，始終貫徹著以人論書的標準。如他在《跋十七帖》中寫道：「玩其筆意，從容衍裕，而氣象超然，不與法縛，不求法脫，真所謂一一從自己胸襟流出者。竊意書家

14 宋黎靖德編、今人王星賢點校：《朱子語類》第八冊，中華書局 1999
年版，第 3305、3319 頁。

者流，雖知其美，而未必知其所以美也。書詞問訊蜀道山川人物
屋宇圖畫，至纖至悉。蓋深有意於遊覽而竟不遂，豈所謂不朽之
盛事信難偶耶？」（《晦庵集》卷八十四）他側重於分析《十七
帖》的內容與王羲之的情緒，玩味筆墨中所表現的超凡脫俗的精
神，認為《十七帖》成功的奧秘在於「氣象超然，不與法縛，不
求法脫，真所謂一一從自己胸襟流出者」，由此強調書法的關鍵
在於胸中之意，而不在於手中之筆。《跋山谷宜州帖》：「山谷宜
州書最為老筆，自不當以工拙論。但追想一時忠賢流落，為可歎
耳。」（《晦庵集》卷八十四）《跋米元章帖》：「米老書如天馬脫
銜，追風逐電，雖不可範以馳驅之節，要自不妨痛快。」（《四
庫全書》本《朱子全書》卷六十五）這種以人論書的觀點與他論
文時提出「文皆是從道中流出」的主張是一致的。

朱熹還喜歡把書家的性情與其作字、作文聯繫到一起，如
《跋歐陽文忠公帖》：「歐陽公作字如其為文，外若優遊，中實剛
勁，惟觀其深者得之。」（《四庫全書》本《晦庵集》卷八十一）
《跋曾南豐帖》：「余年二十許時，便喜讀南豐先生之文，而竊慕
效之，竟以才力淺短，不能遂其所願。今五十年，乃得見其遺
墨，簡嚴靜重，蓋亦如其為文也。」（《晦庵集》卷八十四）《跋
東坡帖》：「東坡筆力雄健，不能居人後，故其臨帖，物色牝牡，
不復可以形似校量，而其英風逸韻，高視古人，未知其孰為後先
也。」（《晦庵集》卷八十四）這種把書家的性情與其作字、作
文聯繫到一起的綜合評價，正合於儒家「有德者必有言」的傳
統。

需要說明的是，朱熹雖然要求書法表現人心，但不贊成張揚

個性和顯露鋒芒，而是要求書法體現作者溫厚雍容、平和中正的氣質和涵養。如他在《跋韓魏公與歐陽文忠公帖》中寫道：

> 張敬夫嘗言：「平生所見王荊公書，皆如大忙中寫，不知公安得有如許忙事。」此雖戲言，然實切中其病。今觀此卷，因省平日得見韓公書跡，雖與親戚卑幼，亦皆端嚴謹重，略與此同，未嘗一筆作行草勢。蓋其胸中安靜詳密，雍容和豫，故無頃刻忙時，亦無纖芥忙意，與荊公之躁擾急迫正相反也。書札細事，而於人之德性其相關有如此者。某於是竊有警焉，因識其語於左方。（《四庫全書》本《晦庵集》卷八十四）

他認為，書札雖是細小之事，卻與人的「德性」相關。他批評王安石的書法「皆如大忙中寫」，給人「躁擾急迫」之感，而稱讚韓琦的書法端嚴謹重，一筆不苟，原因在於韓琦的書法表現出「安靜詳密，雍容和豫」的胸襟，符合他的審美標準。他按照端正謹嚴為尚的標準，對黃庭堅、米芾敧側傾斜、跳蕩恣肆的書風也有指責。他在評析黃庭堅楷書時說：「黃魯直書自謂人所莫及，自今觀之，亦是有好處，但自家既是寫得如此好，何不教他方正？須要得恁敧斜則甚？又他也非不知端楷為是，但自要如此寫；亦非不知做人誠實端愨為是，但自要恁地放縱。」又說：「今本朝如蔡忠惠（即蔡襄）以前，皆有典則。及至米元章、黃魯直諸人出來，便不肯恁地。要之，這便是世態衰下，其為人亦

然。」[15]《跋朱喻二公法帖》說：「書學莫盛於唐，然人各以其所長自見，而漢魏之楷法遂廢。入本朝來，名勝相傳，亦不過以唐人為法。至於黃、米，而欹傾側媚、狂怪怒張之勢極矣。近歲朱鴻臚、喻工部者出，乃能超然遠覽，追跡元常於千載之上，斯已奇矣。」（《四庫全書》本《晦庵集》卷八十二）他認為黃庭堅的字寫得好，但過於「欹斜」「放縱」，黃庭堅、米芾書法「欹傾側媚狂怪怒張之勢」到了極點，這是「世態衰下」、人品不方正的表現。他推崇「漢魏之楷法」和唐代楷書，肯定宋代蔡襄之前的書法「皆有典則」，還肯定朱鴻臚（敦儒）、喻工部（樗）「能超然遠覽，追跡元常（鍾繇）於千載之上」。從書法發展史的角度看，黃庭堅、米芾書法形態敧側傾斜，筆勢跳蕩恣肆，意趣活潑盎然，這恰恰是宋代書法的創新之處。朱熹對黃庭堅、米芾書法的指責，顯示出復古保守的傾向，不符合求變創新的藝術規律。[16]

二、朱熹的書法創作

　　方愛龍、任平《朱熹書法評傳》認為朱熹的書法創作可分為三個時期：淳熙六年（1179）之前為前期，主要取法於顏真卿，兼學蔡襄、王安石、胡安國、張浚等，代表作有《奉同張敬夫城

---

15 宋黎靖德編、今人王星賢點校：《朱子語類》第八冊，中華書局 1999 年版，第 3338 頁。

16 參考王鎮遠《中國書法理論史》，黃山書社 1990 年版，第 284-288 頁。

南二十詠詩卷》（即《城南唱和詩卷》）等。淳熙六年（1179）至紹熙五年（1194）為中期，主要上溯魏晉時代的鍾繇、王羲之，代表作有《周易繫辭本義手稿卷》等。慶元元年（1195）以後為晚期，書風回歸自然，代表作有《大學‧或問部誠意章手稿殘卷》等。**17**

不過，從朱熹所寫的一些題跋及其流傳下來的書法作品所展露的風格看，朱熹的書法受鍾繇、王羲之的影響最大。他在《題鍾繇帖》寫道：「此表歲月予未嘗深考，然固疑征南將軍為曹仁也。今觀順伯所論，適與意合，是時字畫猶有漢隸體，知此《墓田帖》及官本白騎等字為非鍾筆，亡疑也。」（《四庫全書》本《晦庵集》八十二）《題力命帖》云：「《力命表》舊惟見近世刻本，今乃得見貞觀所刻，深以自幸。然字小目昏，殆不能窺其妙處。又愧其見之晚也。他日見右方諸公，當請問焉。又未知其所見與予果如何耳。」（《晦庵集》）卷八十二）《墓田帖》《力命表》都是鍾繇的法帖，可見他對鍾繇的字非常喜愛，非常熟悉，且下過功夫。《樂毅論》《黃庭經》《東方贊》《蘭亭序》都是王羲之的法帖，朱熹在王順伯家獲觀後，讚賞不已，寫下題跋。其《題樂毅論》云：「新安朱熹觀王順伯所藏《樂毅論》《黃庭經》《東方贊》，皆昔所未見，撫歎久之。」（《晦庵集》）卷八十二）《題蘭亭敍》云：「淳熙壬寅（1182）上巳，飲禊會稽郡治之西園，歸玩順伯所藏《蘭亭敍》兩軸，知所謂『世殊事異，亦將有感於

斯文」者猶信。」（《晦庵集》）八十二）這些均是朱熹師法鍾
繇、王羲之書法的可靠例證。

　　再看朱熹的書法代表作品首推《城南唱和詩卷》（圖1-37），
紙本。縱三十一點五釐米，橫二百七十五點五釐米。共六十四
行，四百六十二字。首題「奉同敬夫兄城南之作」。末款「熹再
拜」。鈐白文「朱熹之印」。北京故宮博物院藏。此詩卷是朱熹
為和張栻城南詩二十首所作。朱熹時年三十八歲。張栻，字敬
夫，號軒，張浚之子、宋代著名學者。居潭州（今長沙）。構城

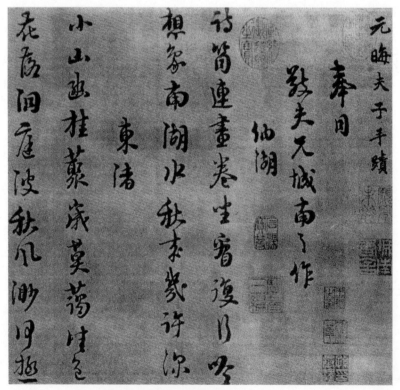

▲ 圖1-37　朱熹《城南唱和詩卷》曹寶麟本

南書院，城南有風景二十處、故題詩二十首。徐邦達《古書畫過眼要錄》第五一八頁據《朱子年譜》卷一的記載考證說，朱熹到潭州訪張栻，在宋孝宗乾道三年（1167）八月，遊歷城南勝景，與張栻應酬唱和詩很多。此二十詠定在遊潭後所作，此詩卷書寫的時間大概相去不遠。[18]方愛龍、任平《朱熹書法評傳》認為此詩卷是朱熹四十五歲創作的書法作品。[19]關於此卷書法的特點，元代干文傳跋云：「右晦庵先生真跡，筆精墨妙，有晉人之風。大賢無所不能，故非一藝名也。」明代陸簡跋云：「紫陽夫子平生講道之功日不暇給，而於辭翰遊戲之事亦往往精詣絕人。評書家謂其書鬱有道義之氣、固耳。」清代孫承澤《庚子銷夏記》卷一在「朱元晦《城南二十詠》墨蹟」條評曰：「朱夫子《和敬夫先生城南二十詠》，字法俊逸，大有晉人風致；而詩之清遠，亦非宋人所能及。」[20]從前人的評語中可知，朱熹《城南唱和詩卷》詩思清遠，格調平和。用筆老練精到，脫盡火氣，筆劃精妙，血肉飽滿；嚴謹中含幾分瀟灑，活潑中寓有從容閒靜，字法俊逸，有晉人風致，並有濃郁的道義之氣，是一件風格清雅、學養深厚的傳世佳作。

朱熹的書法代表作還有《書易繫辭》《書翰文稿·七月六日帖》《致教授學士尺牘》《集古錄跋尾題記》等。

18 徐邦達：《古書畫過眼要錄》，湖南美術出版社 1987 年版，第 518 頁。

19 《中國書法》，2000 年第 2 期。

20 以上三則轉引自徐邦達《古書畫過眼要錄》湖南美術出版社 1987 年版，第 515-517 頁。

　　《書易繫辭》是根據朱熹所書《書易繫辭》行書碑刻。碑為一組四通，共十四行，每行八字，共一百一十二字，字徑十二至十四釐米。初由其門生蔡元定刻存於湖南常德學府（今湖南省常德縣），明崇禎十一年（1638）在大同做官的屈鐘嶽，依早期拓片在大同翻刻，現存大同市博物館碑廊。

　　《書易繫辭》，紙本，全冊共十四開，一百〇二字，均為縱三十六點五釐米，橫六十一點八釐米，是朱熹存世僅見的大字真跡。每行僅書寫二字，內容為《易經·繫辭》的節句。筆力凌厲豪勁，墨色黝黑，顯得格外精神奕奕。古代許多書法家是不善於寫大字的，但這恰恰是朱熹的擅長，所以他的大行書遠遠勝過小行書。作品有朱熹名款及「定靜堂」印記，為林宗毅先生所藏，後捐贈與臺北博物館。

　　《書翰文稿·七月六日帖》，行草書。信札二幅，一幅為縱三十三點五釐米，橫三十四釐米；另一幅為縱三十三點五釐米，橫四十五點三釐米。作於慶元元年（1195）。遼寧省博物館藏。共六十行，後有元、明兩代共十一家的題識跋語，內容包括朱熹畫像。明王鏊《震澤集》卷三十五云：「晦翁書筆勢迅疾，曾無意於求工，而尋其點畫波磔，無一不合書家矩矱，豈所謂動容周旋中禮者耶。」此帖內容如下：

　　　　七月六日，熹頓首。前日一再附問，想無不達。便至承書，喜聞比日所履佳勝。小一嫂、千一哥以次俱安。老拙衰病，幸未即死；但脾胃終是怯弱，飲食小失節，便覺不快。兼作脾泄撓人，目疾則尤害事，更看文字不得也。吾弟雖亦

有此疾，然來書尚能作小字，則亦未及此之什一也。千一哥
且喜向安。若更要藥，可見報，當附去。呂集卷帙甚多，曾
道夫寄來者，尚未得看，續當寄去。不知子澄家上下百卷者
是何本也？子約想時相見。曾無疑書已到未？如未到，別寫
去也。葉尉便中復附此。草草，餘惟自愛之祝，不宣。熹頓
首，允夫糾掾賢弟。

　　此帖書法運筆急速而富有頓挫，行行分明，氣韻舒緩，在無
意求工的書寫中表現出嫻熟老練的技巧。

　　《致教授學士尺牘》，又稱《嚮往帖》，紙本，草書，尺寸為
33.1cm×29.3cm。臺北「故宮博物院」藏。這幅《致教授學士尺
牘》，是紹熙五年（1194）朱熹六十五歲時，辭知潭州（今湖南
長沙）任的時候所寫。這幅尺牘中，朱熹的起筆多側峰斜出，行
筆迅速，轉折自然，雖無意於求工，但點畫波磔，無一不合傳統
書法的法度。此帖內容如下：

　　　　正月卅日。熹頓首再拜教授學士契兄。稍不奉問，鄉往
良深，日春和。恭惟講畫多餘，尊履萬福。熹衰晚多難，去
臘忽有季婦之戚，悲痛不可堪。長沙新命，力不能堪，懇免
未俞，比已再上，計必得之也。得黃塤書，聞學中規繩整
治，深慰鄙懷。若更有心開導勸勉之，使知窮理修身之學，
庶不枉費鈐鍵也。向者經由坐間，陳才卿覯者登第而歸，近
方相訪，云頃承語及吳察制夫婦葬事，慨然興念，欲有以助
其役，此義事也。今欲便與區處，專人奉扣，不審盛意如

何？幸即報之也。因其便行，草草布此，薄冗不暇它及。正遠，唯冀以時自愛。前需異擢，上狀不宣。熹頓首再拜。

《集古錄跋尾題記》，行書，運筆從容，筆劃清勁，行距疏朗，平和中蘊藏著深厚的學養。

朱熹大書刻石之存世者，據明朱晨《古今碑帖考》有長樂方安裡三寶岩之「讀書」二大字，雲谷之「容膝」「天光雲彩」，南康白鹿洞之「光風霽月」，瑞州府學之「脫去凡近」，撫州府學之「上帝臨汝，無二爾心」八大字等。朱熹在盧山題寫的石刻除「光風霽月」外，還有《簡寂觀詩》、「臥龍」「白鹿洞」「連理」「穀簾泉」「枕流」「歸去來館」等。

對於朱熹的書法觀念和書法創作，前人有不少合理的點評。如元王惲《秋澗集》卷七十二《跋朱文公手書》云：考亭之書，「以道義精華之氣，混混灝灝，自理窟中流出」。明陶宗儀《書史會要》云：「子朱子繼續道統，優入聖域，而於翰墨亦加之功。善行、草，尤善大字，下筆即沉著典雅，雖片縑寸楮，人爭珍秘，不啻璠璵圭璧。」明宋濂《浦陽人物記》云：「文公書韻度潤逸。」明董其昌《書法闡宗》云：「晦翁書近鍾太傅法，亦複有分隸意。」[21]朱熹作為理學大師，論書重視道德修養，推崇魏晉書風，創作上主要師法鍾繇、王羲之筆法，形成清雅含蓄、從容不迫的獨特風格，在中國書法史上佔有一定的地位。

---

21 轉引自梁披雲主編《中國書法大辭典》，香港書譜出版社、廣東人民出版社 1987 年版，第 584 頁。

第四節 ▶ 姜夔的書法理論

姜夔（約1155-約1221），字堯章，號白石道人，江西鄱陽人。屢試不第，以布衣終身。早年隨父宦游漢陽，後在湖南遇見福建老詩人蕭德藻，德藻賞識他的詩，把侄女嫁給他，帶他寓居浙江湖州。中年以後，往來於蘇、杭之間，依靠范成大、張鑒等官宦人家的周濟而生活，以晚唐江湖散人陸龜蒙自況，身世飄零，而心境恬淡孤潔。范成大稱他「翰墨人品皆似晉宋之雅士」[22]。他是當時著名的詩人、詞人、書法家、音樂家。

宋謝采伯《續書譜序》云：「自號為白石生，好學，無所不通。」「近閱

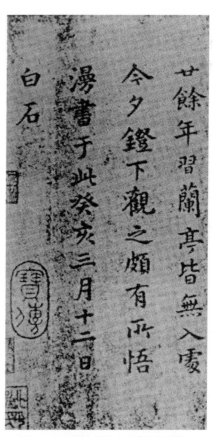

▲ 圖 1-38　姜夔《落水本蘭亭序跋》

---

22 宋周密：《齊東野語》卷十二《姜堯章自敘》，中華書局 1983 年版，第211頁。

其手墨數紙，運筆遒勁，波瀾老成。又得其所著《續書譜》一卷，議論精到，三讀三歎，真擊書學之蒙者也。」「堯章乃用志刻苦，筆法入能品。」明陶宗儀《書史會要》云：「姜白石書法迥脫脂粉，一洗塵俗。」姜夔擅長楷書，尤工小楷，點畫清勁，結體安詳而略帶斜側。其墨蹟今存《落水本蘭亭序跋》（圖1-38），此跋作於嘉泰三年（1203）三月十二日，紙本，楷書，刊於日本《書道全集》（十六）。其內容為：「廿餘年習《蘭亭》，皆無入處，今夕燈下觀之，頗有所悟，漫書於此。」[23]此帖運筆遒勁，點畫精到，字字堅實淳靜，清雅脫俗。筆意在二王之間，與王獻之《洛神賦十三行》更為接近。姜夔著有《白石道人詩集》，其論書著述有《續書譜》及《絳帖平》，後者為考釋潘師旦《絳帖》，以辨正釋文為主，較少理論闡述。其書法理論觀點主要見於《續書譜》。

《續書譜》意在發揮孫過庭《書譜》中闡述未詳的內容，力求以平易通俗的語言表述，又有很多取自實踐經驗的甘苦之言，比孫過庭《書譜》更淺顯易懂，故歷來為學書者所推重。

《續書譜》二十則，其中《燥潤》《勁媚》兩則內容注明分別見《用筆》和《性情》，所以實際上只有十八則。

《續書譜·總論》[24]說：

---

23 俞松《蘭亭續考》卷一，轉引自曹寶麟《中國書法史·宋遼金卷》，第315頁。

24 以下引文也均引自《歷代書法論文選》所收姜夔《續書譜》，上海書畫出版社 1979 年版。

真行草書之法，其源出於蟲篆、八分、飛白、章草等。
圓勁古淡，則出於蟲篆；點畫波發，則出於八分；轉換向
背，則出於飛白；簡便痛快，則出於章草。然而真、草與
行，各有體制。歐陽率更、顏平原輩以真為草，李邕、西台
輩以行為真，亦以古人有專攻正書者，有專攻草書者，有專
攻行書者，信乎其不能兼美也。或云，草書千字，不抵行草
十字；行草十字，不如真書一字。意以為草至易而真至難，
豈真知書者哉！大抵下筆之際，盡仿古人，則少神氣；專務
遒勁，則俗病不除。所貴熟習精通，心手相應，斯為美矣。
白雲先生、歐陽率更書訣亦能言其梗概，孫過庭論之又詳，
可參稽之。

白雲先生是東晉穆帝時人，號紫真，天臺道士，與王羲之同
時，通書道。王羲之有《記白雲先生書訣》。歐陽率更，即歐陽
詢，著有《傳授訣》。這段「總論」闡明瞭三個觀點：其一，「真
行草書之法，其源出於蟲篆、八分、飛白、章草等」；其二，
「真、草與行，各有體制」，古代書家各有專攻，「不能兼美」；
其三，書家創作，既不能「盡仿古人」，也不能「專務遒勁」，
而貴在「熟習精通，心手相應」，涉及學古與創新、法度與個性
的關係。

「真書」以下各條是在「總論」基礎上，對真行草三種書體
的特徵、用筆、用墨、結體、風神、性情等進一步展開描述或闡
釋，表現了姜夔的審美追求和對書法形式理解的深度。根據各條
的內容，可歸納為四個方面：

一、對真、行、草三種書體特徵的評析

1. 在探討真書時，崇尚魏、晉的「飄逸之氣」，譏貶唐人的「應規入矩」

「真書」一條云：

> 真書以平正為善，此世俗之論，唐人之失也。古今真書
> 之神妙，無出鍾元常，其次則王逸少。今觀二家之書，皆瀟
> 灑縱橫，何拘平正？良由唐人以書判取士，而士大夫字書，
> 類有科舉習氣。顏魯公作《干祿字書》，是其證也。矧歐、
> 虞、顏、柳，前後相望，故唐人下筆，應規入矩，無復魏、
> 晉飄逸之氣。

姜夔不滿唐人楷書平正劃一的書風，意欲提倡魏、晉人書法
瀟灑飄逸的情趣，故認為楷書應以鍾繇、王羲之為取法對象，他
們的字能「瀟灑縱橫」，不囿於規矩，最能得書法的逸韻。

接下來，姜夔從結體、點畫、用筆原則三個方面，提出了崇
尚魏、晉「飄逸之氣」的理由：

其一，字的結體是千姿百態的。「真書」一條云：

> 字之長短、大小、斜正、疏密，天然不齊，孰能一之？
> 謂如「東」字之長，「西」字之短，「口」字之小，「體」字
> 之大，「朋」字之斜，「黨」字之正，「千」字之疏，「萬」
> 字之密，畫多者宜瘦，畫少者宜肥，魏、晉書法之高，良由
> 各盡字之真態，不以私意參之耳。或者專喜方正，極意歐、

顏；或者唯務勻圓，專師虞、永。或謂體須稍扁，則自然平正，此又有徐會稽之病。……豈足以盡書法之美哉！

姜夔推重魏、晉書家能順乎字體的本身規律而得自然真趣，不以人工的造作參與其間，因文字本身有大小疏密的不同，不可能強求一律，尋乎自然方可入高妙之境。故他批評唐人斤斤計較於間架結構的規範，或者專喜方正，或者惟務勻圓，或謂體須稍扁，導致了缺少變化，呆如運算元的弊病。又如他在「位置」一條中說「假如立人、挑土、田、王、衣、示，一切偏旁皆須令狹長，則右有餘地矣。在右者亦然，不可太密、太巧。太密、太巧者，是唐人之病」，指責了唐人刻意求工，失卻天真的過失。在「疏密」一條中說：「書以疏欲風神，密欲老氣。如佳之四橫，川之三直，魚之四點，畫之九畫，必須下筆勁淨，疏密停勻為佳。當疏不疏，反成寒乞；當密不密，必至凋疏。」也意在闡明結體應順乎自然，疏密自如，不可矯揉造作。在「向背」一條中說：「向背者，如人之顧盼、指畫、相揖、相背。發於左者應於右，起於上者伏於下。大要點畫之間，施設各有情理，求之古人，右軍蓋為獨步。」認為點畫之間的搭配，相向還是相背，「如人之顧盼、指畫、相揖、相背」，「施設各有情理」，王羲之的字在點畫搭配上最為出色。

其二，字的點畫都蘊藏著生命力，且富有變化。在「真書」一條中，薑夔用比喻的手法，闡述了對「永字八法」的獨到見解，他說：

　　點者，字之眉目，全藉顧盼精神，有向有背，隨字異形；橫、直畫者，字之體骨，欲其堅正勻靜，有起有止，所貴長短合宜，結束堅實；ノ（音彆）乀（音拂）者，字之手足，伸縮異度，變化多端，要如魚翼鳥翅，有翩翩自得之狀；挑剔者，字之步履，欲其沉實。晉人挑剔或帶斜拂，或橫引向外，至顏、柳始正鋒為之，正鋒則無飄逸之氣。

　　他對筆勢的要求一言以蔽之是：求變化。以為富於變化則能見精神，也就能達到風神蕭散的效果，具體地說：點要「隨字異形」，橫、直要「長短合度」，撇、捺要「伸縮異度，變化多端」，挑、剔要如晉人「或帶斜拂，或橫引向外」，可見都強調了筆劃的靈活多變，因字而異，意在追求飄逸變幻之美。

　　其三，用筆應從容舒緩，平和優雅。「用筆」一條說：

　　用筆不欲太肥，肥則形濁；又不欲太瘦，瘦則形枯；不欲多露鋒芒，露則意不持重；不欲深藏圭角，藏則體不精神；不欲上大下小，不欲左高右低，不欲前多後少。歐陽率更結體太拘，而用筆特備眾美，雖小楷而翰墨灑落，追蹤鐘、王，來者不能及也。顏、柳結體既異古人，用筆復溺於一偏，予評二家為書法之一變。數百年間，人爭效之，字畫剛勁高明，固不為書法之無助，而晉、魏之風軌則掃地矣。然柳氏大字，偏旁清勁可喜，更為奇妙。近世亦有仿效之者，則俗濁不除，不足觀。故知與其太肥，不若瘦硬也。

他依照肥瘦合度、藏露得體、大小高低恰如其分的標準來衡量唐人的楷書，認為歐陽詢楷書「結體太拘，而用筆特備眾美」，顏、柳楷書「結體既異古人，用筆複溺於一偏」，「二家為書法之一變。數百年來，人爭效之」，「而晉、魏之風軌則掃地矣」。在承認顏、柳對楷書從結體到用筆進行大膽變革的同時，又指責他們用筆偏肥或偏瘦，使魏晉法度蕩然無存。

姜夔譏貶唐楷「應歸入矩」，指責顏、柳使魏、晉風軌掃地，顯然帶有個人的偏愛和復古的傾向。其實唐人的平正只是從宏觀上立論，他們書碑多用界格，因而章法上是整齊劃一的，唐楷的結字和用筆又何嘗沒有變化呢！唐楷結體偏於均勻，點畫趨於精細，這與其說是「唐人之失」，不如說是唐人的創新。范文瀾說：「初唐的歐、虞、褚、薛，只是二王書體的繼承人。盛唐的顏真卿，才是唐朝新書體的創造者。」[25]顏真卿把雄豪壯偉的氣勢情緒納入楷書規範，以圓轉渾厚的筆致代替了方折勁巧的晉人筆法，以平穩厚重的結構代替敧側秀美的二王書體，古法為之一變，自成家數，風格雍容壯偉，氣勢磅礴，把唐楷推上頂峰。柳公權繼顏真卿之後，再變楷法，避開了顏楷肥壯的豎畫，把橫畫豎畫寫得大體均勻而瘦硬；他又吸取了北碑中方筆字斬釘截鐵、棱角分明的長處，點、撇、捺寫得像刀切一樣爽利森挺；他還吸取了虞、歐楷書結體上的緊密，顏楷結體上的縱勢，寫出了

---

25 范文瀾：《中國通史簡編》第三編第二冊，人民出版社 1965 年版，第748 頁。

以瘦硬露骨見長的「柳體」，成為唐代楷法集大成者。從楷書發展史的角度看，顏、柳在鍾、王之後，把楷書推向新的高峰，無疑是功不可沒的大書法家。

2. 在探討草書時，姜夔強調草書靈活多變的特性，推崇魏晉章草、小草書風，但並沒有否定唐代張旭、懷素和宋代黃庭堅的狂草

「草書」一條對草書的體勢做了這樣的描繪：

> 草書之體，如人坐臥行立、揖遜忿爭、乘舟躍馬、歌舞擗踊，一切變態，非苟然者。又一字之體，率有多變，有起有應。如此起者，當如此應，各有義理。右軍書「羲之」字，「當」字，「得」字、「深」字、「慰」字最多，多至數十字，無有同者，而未嘗不同也，同謂所欲不逾矩矣。

可見他認為草書的結體應該同中有異，同是根基，異是運用，一切變化非任意苟然，應具有一定的規矩，合乎一定的道理，他盛讚王羲之的字，就在於王羲之能令所書各字同中有異，異不逾矩。接著寫道：

> 大凡學草書，先當取法張芝、皇象、索靖章草等，則結體平正，下筆有源。然後仿王右軍，申之以變化，鼓之以奇崛。若泛學諸家，則字有工拙，筆多失誤，當連者反斷，當斷者反續，不識向背，不知起止，不悟轉換，隨意用筆，任筆賦形，失誤顛錯，反為新奇。自大令以來，已如此矣，況

今世哉！然而襟韻不高，記憶雖多，莫湔塵俗。若風神蕭散，下筆便當過人。自唐以前多是獨草，不過兩字屬連。累數十字而不斷，號曰連綿、遊絲，此雖出於古人，不足為奇，更成大病。古人作草，如今人作真，何嘗苟且。其相連處，特是引帶。嘗考其字，是點畫處皆重，非點畫處偶相引帶，其筆皆輕。雖復變化多端，而未嘗亂其法度。張顛、懷素規矩最號野逸，而不失此法。近代山谷老人，自謂得長沙三昧，草書之法，至是又一變矣。流至於今，不可復觀。

這段書論包含了四層意思：一是勾勒了草書的發展變化過程，即由張芝等人的章草，發展到王羲之、王獻之的小草，再演變為張旭、懷素的狂草，最後演變為黃庭堅的狂草。在草書發展過程中，「唐以前多是獨草，不過兩字屬連」。至於「累數十字而不斷」的連綿草、遊絲草，「雖出於古人，不足為奇，更成大病」，也就是說唐以前的連綿大草不成熟，不值得效法。二是指出學習草書的途徑，「先當取法張芝、皇象、索靖章草等」，以求「結體平正，下筆有源」。然後臨摹王右軍，打破平正，追求「變化」「奇崛」，不能「泛學諸家」，以免「失誤顛錯」。三是強調草書創作，除掌握技法外，還必須有高曠的「襟韻」、蕭散的「風神」，否則無法洗去「塵俗」之氣。四是剖析了古人草書作品中處理「點畫」與「非點畫」之間關係的技巧，「是點畫處皆重，非點畫處偶相引帶，其筆皆輕。雖復變化多端，而未嘗亂其法度」。所謂「點畫」就是具體筆劃，下筆須重；所謂「非點畫」是指連接筆劃的牽絲、附鉤，必須是「偶相引帶，其筆皆

輕」。這樣才能使草書的筆劃主次分明，變化多端而法度不亂。他肯定張旭、懷素的狂草，認為「張顛、懷素規矩最號野逸，而不失此法」。這些見解均抓住了草書的特質，很有價值。

3. 對行書的探討，最推崇王羲之，也肯定了唐宋名家的行書「行書」一條說：

　　嘗夷考魏、晉行書，自有一體，與草書不同。大率變真，以便於揮運而已。草出於章，行出於真，雖曰行書，各有定體。縱復晉代諸賢，亦不相遠。《蘭亭記》及右軍諸帖第一，謝安石、大令諸帖次之，顏、柳、蘇、米，亦後世之可觀者。大要以筆老為貴，少有失誤，亦可輝映。所貴乎穠纖間出，血脈相連，筋骨老健，風神灑落，姿態備具，真有真之態度，行有行之態度，草有草之態度。必須博學，可以兼通。

　　這段話所表達的觀點是：行書是從楷書變化而成的，比楷書「便於揮運」；行書自成一體，自王羲之以後直到宋代蘇軾、米芾，名家輩出；行書創作「以筆老為貴」，要做到「穠纖間出，血脈相連，筋骨老健，風神灑落，姿態備具」。只有廣聞博學，才能兼通真、行、草三種書體的特點和寫法。

二、對用筆、用墨等技法的見解

　　在上文中，我們著重闡述了姜夔對真、行、草三種書體特徵的認識評價，根據論述的需要，引用了一些姜夔關於用筆的觀

點，但很不全面。現在，我們具體闡述姜夔對用筆、用墨等技法的見解。

1. 關於用筆方法，包括執筆、運筆、筆劃形態、筆勢等

在執筆與運筆問題上，姜夔提出了容易理解、便於駕馭的方法。「用筆」一條說：

「大抵要執之欲緊，運之欲活，不可以指運筆，當以腕運筆。執之在手，手不主運；運之在腕，腕不主執。」運腕自然要比運指來得更加靈活，運動的幅度更加擴大，因而姜夔主張運腕。執之在手而運之在腕，這無疑是歷來成功的書畫家都須遵循的原則。在此條中，他還談到對唐人提出的「折釵股」等用筆方法的理解，強調中鋒為主的運筆方法。他說：

> 用筆如折釵股，如屋漏痕，如錐畫沙，如壁坼。此皆後人之論，折釵股欲其曲折圓而有力，屋漏痕欲其橫直勻而藏鋒，錐畫沙欲其無起止之跡，壁坼者，欲其無佈置之巧。然皆不必若是，筆正則鋒藏，筆偃則鋒出，一起一倒，一晦一明，而神奇出焉。常欲筆鋒在畫中，則左右皆無病矣。故一點一畫，皆有三轉；一波一拂，皆有三折；一ノ又有數樣。一點者欲與畫相應；兩點者欲自相應；三點者必有一點起，一點帶，一點應；四點者一起、兩帶、一應。

所謂「筆正」「筆鋒在畫中」，指的是中鋒運筆；所謂「筆偃」，指的是側鋒運筆。他主張「常欲筆鋒在畫中」，藏鋒為主、兼用露鋒，起倒晦明，變化無窮，而神奇便在變化之中。每一筆

劃，要求能一波三折，富於靈動變幻之美，撇、點由於其在字中的位置不同也各有變態，不可千篇一律，應該注意彼此間的照應與聯繫。

姜夔對運筆速度、筆劃方圓姿態也有獨到的見解。「遲速」條云：「遲以取妍，速以取勁。先必能速，然後為遲。若素不能速而專事遲，則無神氣；若專務速，又多失勢。」強調在運筆過程中，速度要有遲有速，即有慢有快，以慢取妍麗，以快取勁健。「方圓」云：

> 方圓者，真草之體用。真貴方，草貴圓。方者參之以圓，圓者參之以方，斯為妙矣。然而方圓、曲直，不可顯露，直須涵泳，一出於自然。如草書尤忌橫直分明，橫直多則字有積薪、束葦之狀，而無蕭散之氣。時參出之，斯為妙矣。

他指出楷書以方筆為主，「參之以圓」；草書以圓筆為主，「參之以方」。方圓、曲直須含蓄自然，這樣才美妙。在「真書」一條中，姜夔又說：「轉折者，方圓之法，真多用折，草多用轉。折欲少駐，駐則有力；轉不欲滯，滯則不遒。然而真以轉而後遒，草以折而後勁，不可不知也。」對方折、圓轉筆劃的運筆方法及其作用講述得細緻明確。

在書法創作中，運筆有中鋒、側鋒，筆劃有藏露、方圓，揮運速度有快有慢，而筆劃與筆劃之間、上一個字與下一個字之間，又會構成一定的運動趨勢，這種筆劃運動的趨勢被稱為「筆

勢」或「血脈」。對此，姜夔也有具體闡述。「血脈」一條云：
「字有藏鋒出鋒之異，粲然盈楮，欲其首尾相應，上下相接為
佳。」「筆勢」一條云：「下筆之初，有搭鋒者，有折鋒者，其
一字之體，定于初下筆。凡作字，第一字多是折鋒，第二、三字
承上筆勢，多是搭鋒。若一字之間，右邊多是折鋒，應其左故
也。又有平起者，如隸畫；藏鋒者，如篆畫。大要折搭多精神，
平藏善含蓄，兼之則妙矣。」這裡所說的「搭鋒」，是指起筆處
順勢帶出的附鉤，「折鋒」是指收筆處順勢帶出的附鉤。在一字
之中，前一筆與後一筆之間可以「折搭」構成呼應關係。在一幅
作品中，前一字與後一字之間，可以通過「折搭」構成上下連貫
的氣脈。在「草書」一條中，姜夔強調草書筆劃運行「皆以勢為
主」，他說：

> 唐太宗云：「行行若縈春蚓，字字如綰秋蛇。」惡無骨
> 也。大抵用筆有緩有急，有有鋒，有無鋒，有承接上文，有
> 牽引下字，乍徐還疾，忽往復收。緩以效古，急以出奇，有
> 鋒以耀其精神，無鋒以含其氣味；橫斜曲直，鉤環盤紆，皆
> 以勢為主。然不欲相帶，帶則近俗；橫畫不欲太長，長則轉
> 換遲；直畫不欲太多，多則神癡。……意盡則用懸針，意未
> 盡須再生筆意，不若用垂露耳。

這段話中的「有鋒」指鋒芒外露，「無鋒」指鋒芒內藏，「相
帶」指筆劃相互牽連。姜夔認為，在草書佈局中，運筆「有緩有
急」，「有有鋒，有無鋒」，筆劃運行的過程是「有承接上文，有

牽引下字，乍徐還疾，忽往復收」，「橫斜曲直，鉤環盤紆，皆以勢為主」。他還認為，筆劃相互牽連就難免庸俗，橫畫太長「則轉換遲」，直畫太多「則神癡」，筆意完全顯露就用懸針豎，筆意未完全顯露必須進一步寫出下一筆，就不如用垂露豎。這些都是經驗之談。

2. 關於用墨的方法，姜夔主張要有變化，力避單調

「用墨」一條說：

> 凡作楷，墨欲乾，然不可太燥。行草則燥潤相雜，以潤取妍，以燥取險。墨濃則筆滯，燥則筆枯，亦不可不知也。筆欲鋒長勁而圓：長則含墨，可以取運動；勁則剛而有力，圓則妍美。

墨色應根據書體的不同而有所變化，楷書運筆速度較慢，用墨要乾而不燥，行草書運筆速度較快，用墨中要潤燥結合，使得墨分五色，從而增強了書法的韻味。為了使墨色變化能得到充分的表現，還必須選擇「鋒長勁而圓」的毛筆，筆鋒長，含墨多，可在紙上連續運行；筆鋒勁健，書寫的筆劃就剛勁有力；筆鋒圓渾，寫出的筆劃墨色秀潤妍美。姜夔還談到墨色與紅色不同的視覺效果，「書丹」一條說：「筆得墨則瘦，得朱則肥。故書丹尤以瘦為奇，而圓熟美潤常有餘，燥勁老古常不足，朱使然也。欲刻者不失真，未有若書丹者。」古時刻碑，先用朱筆在石上寫所要刻的文字，稱「書丹」。從色彩學的角度看，黑色深沉寂靜，紅色跳蕩熱鬧，用墨寫的字顯得瘦硬，用朱色寫的字顯得肥壯，

所以書丹時不能寫得太粗，而應「以瘦為奇」，這樣可以糾正紅色給人造成的視覺上的偏差。這些見解都來自作者的書法創作實踐，對學書者有很強的指導意義。

三、對習字途徑的闡述

「臨摹」一條說：「摹書最易」，「唯初學書者不得不摹，亦以節度其手，易於成就。皆須是古人名筆，置之几案，懸之座右，朝夕諦觀，思其用筆之理，然後可以摹臨。其次雙鉤蠟本，須精意摹拓，乃不失位置之美耳。臨書易失古人位置，而多得古人筆意；摹書易得古人位置，而多失古人筆意。臨書易進，摹書易忘，經意與不經意也。夫臨摹之際，毫髮失真，則神情頓異，所貴詳謹」。「雙鉤之法，須得墨暈不出字外，或廓填其內，或朱其背，正得肥瘦之本體。雖然，尤貴於瘦，使工人刻之，又從而刮治之，則瘦者亦變為肥矣。或云雙鉤時須倒置之，則亦無容私意於其間。誠使下本明，上紙薄，倒鉤何害？若下本晦，上紙厚，卻須能書者為之，發其筆意可也。夫鋒芒圭角，字之精神，大抵雙鉤多失，此又須朱其背時，稍致意焉。」

「摹書」，指將前人書跡樣本蒙於紙下依樣畫葫蘆式的模仿練習。「摹拓」，就是依樣描制、複製。「雙鉤」是摹寫的一種方法，即線條鉤出所摹的字畫的四周，構成空心畫的字體。「蠟本」：古人以蠟塗絹，臨摹原跡、真跡，稱蠟本。「雙鉤蠟本」就是用雙鉤方法摹寫成的原跡、真跡的複製本。「臨書」，指將前人書跡樣本放在書案上，一邊看書跡樣本，一邊模仿著寫。「摹臨」是摹書、臨書的合稱。「雙鉤時須倒置之，則亦無容私

意於其間」二句的意思是：用雙線條鉤摹原跡、真跡時，須把原跡、真跡顛倒過來放置在紙的下面，使原跡、真跡上的字形都呈倒置的形狀，這樣就能使鉤摹者對本來熟悉的字產生陌生感，鉤摹時就會更加細心、客觀，不會把自己的意思摻雜其中。姜夔指出，習字途徑不外乎摹書與臨書。雙鉤是摹書方法的一種，先用雙線條鉤出空心畫的字體，再用墨填滿各個筆劃，要求做到「墨暈不出字外，或廓填其內，或朱其背，正得肥瘦之本體」。雙鉤摹寫方法的長處是能準確把握字的結體，「不失位置之美」，其弊病在於容易失去原跡、真跡中的「鋒芒圭角，字之精神」。臨書的方法是，一邊看字帖範本，一邊模仿著寫，不僅要琢磨字帖範本上每個字的點畫、結構和神氣，而且要把字帖範本上的字變成自己筆下的字，是眼、腦、手三者相結合的綜合訓練，帶有一定的主觀能動性。用「臨書」方法寫出的字，雖然字的結體與字帖範本上的字有差異，但對古人用筆的方法、意趣會有更深刻的體會。所以說「臨書易失古人位置，而多得古人筆意；摹書易得古人位置，而多失古人筆意。臨書易進，摹書易忘，經意與不經意也」。姜夔對摹書、臨書這一技術層面的問題闡述得具體而透徹。

四、對「風神」「情性」的推崇

書法藝術包括形式技巧和精神氣韻兩個方面，南朝齊王僧虔《筆意贊》云：「書之妙道，神彩為上，形質次之，兼之者方可紹于古人。」王僧虔把「筆意」即「書之妙道」分為「形」和「神」兩個範疇。他一方面認為「神彩為上，形質次之」，另一

方面認為形與神必須相兼，「兼之者方可紹于古人」。這一觀點符合書法創作的實際，「形」是居神的體魄，「神」是主形的精靈。[26]書法中的「形質」包括筆法、墨法、點畫、結體、章法等；書法中的「神彩」是指貫注於作品之中的氣勢、韻味、性格、學養、情趣等。姜夔對書法藝術中的風神、情性同樣很重視。

「風神」一詞，最早見於魏、晉人物品評，如《晉書·裴秀傳》：「（裴楷）風神高邁。」《世說新語·賞譽》：「（王彌）風神清令。」成復旺主編的《中國美學範疇辭典》中解釋說：「風為氣的流動狀態，而神則為氣的主宰，故風神實為人的精神氣質的外部表現。」[27]唐代即以「風神」評詩、書、畫等藝術作品，如孫過庭《書譜》：「凜之以風神，溫之以妍潤，鼓之以枯勁，和之以閑雅。」姜夔繼孫過庭之後，把「風神」作為書法美的基本範疇。《續書譜》中多次提到「風神」，如「草書」一條中說：「襟韻不高，記憶雖多，莫湔塵俗。若風神蕭散，下筆便當過人。」此處「風神」是指書寫者的才情、風度、神姿。「行書」一條中說，行書「貴乎穠纖間出，血脈相連，筋骨老健，風神灑落，姿態備具」。「臨摹」一條中說：定武本《蘭亭》「雖石刻，又未必得真跡之風神矣。字書全以風神超邁為主，刻之金石，其

26 文師華：《書法縱橫談》，中國社會出版社 2002 年版，183-185 頁。
27 成復旺主編：《中國美學範疇辭典》，中國人民大學出版社 1995 年版，第 113 頁。

可苟哉」！「疏密」一條中說：「書以疏欲風神，密欲老氣。」
這三處的「風神」，則是指書法作品在運筆、結體、章法中所變
現出來的疏散放逸、超塵絕俗的神采、韻味。《續書譜》中還專
立「風神」一條，認為：

> 風神者，一須人品高，二須師法古，三須筆紙佳，四須
> 險勁，五須高明，六須潤澤，七須向背得宜，八須時出新
> 意。自然長者如秀整之士，短者如精悍之徒，瘦者如山澤之
> 腴，肥者如貴遊之子，勁者如武夫，媚者如美女，欹斜如醉
> 仙，端楷如賢士。

此處「風神」，是指書法的神韻氣格，它是在書家的品格修
養與創作的客觀條件之上形成的，故其首標「人品高」與「師法
古」，又要求紙筆精良，運筆結體合宜，富於新意，具有鮮明的
風格特徵，故有「險勁」「高明」「潤澤」等要求。他還以秀整
之士、精悍之徒、山澤之腴、貴遊之子、武夫、美女、醉仙、賢
士等來比喻書法作品中長短、瘦肥、勁媚、斜正等各種不同的風
神，強調書法創作中的生命意識和精神活力。可見風神是包涵了
書法創作中主客觀雙方及技法等因素在內的一種綜合的審美理
想。

與風神密切相關的是書家的情性，姜夔在「情性」一條強調
說：

> 藝之至，未始不與精神通，其說見於昌黎《送高閑

序》。孫過庭云：「一時而書，有乖有合，合則流媚，乖則
凋疏。神怡務閑，一合也；感惠徇知，二合也；時和氣潤，
三合也；紙墨相發，四合也；偶然欲書，五合也。心遽體
留，一乖也；意違勢屈，二乖也；風燥日炎，三乖也；紙墨
不稱，四乖也；情怠手闌，五乖也。乖合之際，優劣互
差。」

藝術的終極目的是抒發藝術家的情懷，表現藝術家賞愛自
然、關注社會、體驗人生的獨特心靈。韓愈《送高閑上人序》
云：

> 往時張旭善草書，不治他技。喜怒、窘窮、憂悲、愉
> 佚、怨恨、思慕、酣醉、無聊、不平，有動於心，必於草書
> 焉發之。觀於物，見山水崖谷，鳥獸蟲魚，草木之花實，日
> 月列星，風雨水火，雷霆霹靂，歌舞戰鬥，天地事物之變，
> 可喜可愕，一寓於書。故旭之書，變動猶鬼神，不可端倪，
> 以此終其身而名後世。

張旭的草書，一方面師承「二王」今草，字字有法；另一方
面又善於從其他藝術和大自然中汲取一種生命情調，並把公孫大
娘舞劍器時那股淩人的氣勢、飛速的動作，運用到書法行筆的輕
疾徐緩上。他在從事書法創作時，把感情完全寄託在點畫之間，
旁若無人，如醉如癡，如癲如狂。他的草書已經昇華到用抽象的
點畫表達書法家思想感情的高度藝術境界，上下貫通，迂迴流

連，瀟灑磊落，奇麗動人，變化多端，神奇莫測，形成張旭「狂草」的獨特面目。

關於書法創作的狀態，孫過庭提出了著名的「五合五乖」，包括主觀、客觀兩個方面的「合、乖」，共計有十種不同的書寫狀態。其中，「神怡務閑」「感惠徇知」與「心遽體留」「意違勢屈」，指的是主觀的精神、意志、情緒、情感與書法創作活動相互協調或相互背離；「時和氣潤」「紙墨相發」與「風燥日炎」「紙墨不稱」，指的是客觀的季節、氣候、溫度、紙張、筆墨等與書法創作活動相互適應或相互違背；「偶然欲書」與「情怠手闌」則是前述主、客觀條件「合」或「乖」的結果，也可以說是主、客觀條件相生或相剋的結果。孫過庭的「五合五乖」說簡潔地描述了書法藝術創作的過程：主、客觀條件的各自具體狀況—主、客觀之間「合」或「乖」—書法作品的「優」或「劣」。

對於書藝與精神相通的觀點，韓愈、孫過庭都闡述得非常透徹，所以姜夔沒有也不必展開論述。

綜上所述，姜夔論書的根柢在於取法魏、晉，崇尚魏、晉楷書的「飄逸之氣」，譏貶唐人楷書的「應規入矩」，指責顏、柳使魏、晉風軌掃地，顯然帶有個人的偏愛和復古的傾向；他強調草書靈活多變的特性，推崇魏晉章草、小草書風，但並沒有否定唐代張旭、懷素和宋代黃庭堅的狂草；他最推崇王羲之的行書，也肯定了唐宋名家的行書。他對用筆方法（包括執筆、運筆、筆劃形態、筆勢）、用墨的方法、習字途徑等技法層面問題的探討，深入淺出，細緻具體，有很強的可操作性和指導意義。他繼孫過庭之後，把「風神」作為書法美的基本範疇，強調書藝與精

神相通。他的《續書譜》無疑是對孫過庭《書譜》的繼承和發展，具有一定的獨創性，在書法理論史上佔有一席之地。

第五節 ▶ 宋代在江西為官的外省籍書法家

宋代在江西為官或隱居的外省籍書法家主要有范仲淹、周敦頤、蘇轍、王盛、蘇邁、唐坰、劉珙、聶子述、陸游、唐璘等。

范仲淹（989-1052），字希文，蘇州吳縣（今屬江蘇）人。大中祥符八年（1015）中進士，任廣德軍司理參軍、集慶軍節度推官。天禧五年（1021）調往泰州海陵西溪鎮任鹽倉監官，經張綸推薦，升為興化縣令。後回京任大理寺丞。天聖六年（1028），經晏殊推薦，榮升為秘閣校理。因上書批評劉太后垂簾聽政，貶為河中府通判。三年後，劉太后去世，仁宗召范仲淹回京任右司諫。因遭宰相呂夷簡排擠，出任睦州、蘇州知府。因治水有功，又被調回京師，獲得天章閣待制的榮銜，任開封知府。景祐三年（1036），在與宰相呂夷簡的鬥爭中，范仲淹被污蔑為勾結朋黨，貶為饒州（治在今江西鄱陽）知州。五十歲前後，范仲淹先後被調到潤州、越州任知州。寶元元年（1038），黨項族首領元昊另立西夏國，自稱皇帝，並調集十萬軍馬，侵襲宋朝延州。范仲淹臨危受命，以天章閣待制、龍圖閣直學士的職銜，出任陝西經略安撫招討副使，兼延州知州。慶曆三年（1043）回京，榮升為副宰相，推行「慶曆新政」。慶曆五年，新政失敗，范仲淹被免職，外放為邠州、鄧州知州。皇祐元年（1049）調為杭州知州，皇祐三年移任青州，皇祐四年調往潁州，但只趕到徐州，就

▲ 圖1-39　范仲淹信札《致運使學士》

因病溘然長逝。諡文正。著有《范文正公集》。《宋史》卷三百一十四有傳。

范仲淹善書，宋朱長文《續書譜》謂范仲淹晚年學王羲之《樂毅論》，亦一代墨寶也。《御定佩文齋書畫譜》卷三十二引黃庭堅《山谷集》云：「文正公書，落筆痛快沉著，極近晉、宋人書。」《御定佩文齋書畫譜》卷七十六引文同《丹淵集》云：「觀文正書，如侍其人之左右，令人既喜而且凜然也。」明唐錦《龍江夢餘錄》謂范仲淹書極端勁秀麗，無毫鋩縱逸之態。清高士奇亦云文正書法挺勁修特，肖其為人。[28]書法作品如信札《致運使學士》（圖

---

28 轉引自香港書譜出版社、廣東人民出版社《中國書法大辭典》，第 507 頁。

1-39）。

　　周敦頤（1017-1073），原名敦實，因避英宗舊諱（英宗原名宗實）而改名敦頤，字茂叔，號濂溪，道州營道（今湖南道縣）人。二十歲時，以舅父龍圖閣學士鄭向恩蔭，任洪州分寧縣（今江西修水縣）主簿，升調南安軍（治在今江西大余縣）司理參軍。後任郴州桂陽縣令，再任洪州南昌知縣。此後，入四川，任合州判官，幾年後改為虔州（今江西贛州）通判。上任時，出三峽，至江州，愛廬山秀美，「有卜居之志，因築書堂於其麓」。他在虔州三年，巡行屬縣，到於都縣，作《愛蓮說》，由於都知縣沈希顏書寫，刻石立碑。治平元年（1064）移永州通判。熙寧初，因趙抃和呂公著推薦，擢升廣東轉運判官，再擢為廣東提點刑獄，執掌廣東全境的司法刑獄大權，「以洗冤澤物為己任」。熙寧四年（1071），周敦頤疾病日甚，經請求朝廷，獲准返回江西，任南康軍（治在今江西星子縣）知軍，住在廬山北麓蓮花峰下的書堂，「前有溪，合于溢江，取營道所居濂溪以名之」。熙寧六年卒於濂溪書堂，諡元公，封汝南伯。周敦頤是北宋著名哲學家，學術界公認的理學派開山鼻祖，宋黃庭堅稱其「人品甚高，胸懷灑落，如光風霽月」（《宋史》卷四百二十七）。所著《太極圖說》，明天理之根源，究萬物之終始。又著《通書》四十篇，發明太極之蘊。《宋史》卷四百二十七有傳。《御定佩文齋書畫譜》卷三十三宋魏了翁《魏鶴山集》云：遂寧傅氏藏有濂溪先生帖。周敦頤存世書跡有《拙賦》《跋彭應求詩序》等。

　　蘇轍（1039-1112），字子由，眉州眉山（今屬四川）人。嘉祐二年（1057）與其兄蘇軾同登進士科。任大名府推官，熙寧三

年（1070）上書神宗，反對王安石變法。熙寧五年，出任河南推官。元豐二年（1079），其兄蘇軾以作詩「謗訕朝廷」罪被捕入獄，他受到牽連，被貶到筠州（今江西高安）監鹽酒稅。元豐八年，舊黨當政，他被召回京，任秘書省校書郎、右司諫，進為起居郎，遷中書舍人、戶部侍郎。哲宗元祐四年（1089）權吏部尚書，出使契丹。還朝後任御史中丞。元祐六年拜尚書右丞，次年進門下侍郎，執掌朝政。元祐八年，哲宗親政，新法派重新得勢。紹聖元年（1094），他上書反對時政，被貶官，出知汝州、袁州（今江西宜春市），責授移化州別駕、雷州安置。元符元年（1098）又貶循州等地。崇寧三年（1104），蘇轍隱居許州（今河南省許昌市）穎水之濱，築室曰遺老齋，自號穎濱遺老，以讀書著述、默坐參禪為事。死後追復端明殿學士，諡文定。《宋史》卷三百三十九有傳。

蘇轍是唐宋八大家之一，與父洵、兄軾齊名，合稱三蘇，有《欒城文集》傳於世。蘇轍亦善書法。清倪濤《六藝之一錄》卷三百四十五引宋黃庭堅《山谷集》稱蘇轍書法「瘦勁可喜，反復觀之，當是捉筆甚急而腕著紙，故少雍容耳」。蘇轍存世書跡有

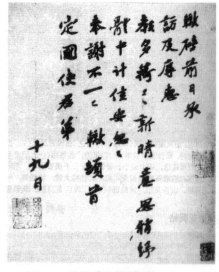

▲ 圖 1-40　蘇轍《晴寒帖》蘇

《書郡圃八詠》《次韻李朝散遊洞山》詩石刻、《雪甚帖》《喜雪詩帖》《車馬帖》《晴寒帖》等。《晴寒帖》（圖 1-40），紙本，行書，共五行三十一字，臺北「故宮博物院」藏，刊於臺灣《故宮歷代法書全集》（十）。該帖筆劃豐腴，結體左低右高，方中帶扁，力飽氣厚，風格與蘇軾一致。

　　王盛（生卒年不詳），宋神宗時為臨川州學教授。曾鞏《墨池記》云：臨川城東有池曰「王羲之墨池」，墨池之上為州學舍，教授王君盛書「晉王右軍墨池」六字於楹間以標明。

　　蘇邁（1059-1119），字伯達，眉州眉山（今屬四川）人。蘇軾長子。蘇軾前妻王弗生於眉山。神宗元豐四年（1081）進士，元豐七年，授饒州府（治在今江西鄱陽）德興縣尉，六月初九同父蘇軾至湖口石鐘山下，然後赴德興任。其間，邁遵父囑，立志為民，身體力行，盡職盡責。蘇軾《與陳季常書》云：「長子邁作吏，頗有父風。」《德興縣誌》卷八謂蘇邁有政績，後人立「景蘇堂」仰之。元豐八年，蘇軾告病蒙准，蘇邁隨父到徐州養病，城南立業「蘇家湖」莊。元祐元年（1086）秋，蘇邁罷德興任，責授酸棗縣令。元祐五年（1090），授雄州防禦推官，知河間令。紹聖元年（1094），罷河間令回「蘇家湖」。紹聖三年，蘇邁上書求職韶州仁化令，獲准。於是，趁赴任之機，將自己家眷和蘇過家眷都搬至惠州。後又因韶州、惠州相鄰回避謫籍而不得上任。蘇軾貶瓊州，蘇邁只好寄居惠州，挑起家庭重擔。元符三年（1100），徽宗即位，大赦天下，蘇軾自瓊州北歸，自廣州後蘇邁陪父北行，至常州。蘇軾逝世後，蘇邁回徐州蘇家湖居住。大觀元年（1107），知嘉禾令。政和二年（1112），罷嘉禾令，

回蘇家湖。宋李之儀《姑溪居士前集》卷三十八云：「東坡帖乃其子邁所作，亦自可喜。大抵蘇氏諸子源同派異，種種皆有過人處。」

　　唐坰，錢塘（今杭州）人，字林夫。以父任得官。熙寧初上書，得到神宗、王安石的賞識，賜進士出身，為崇文校書。除太子中允。數月，將用為諫官，王安石疑其輕脫，將背己立名，不除職，以本官同知諫院。後因上疏攻擊王安石等人，貶潮州別駕，後徙吉州（今江西吉安）酒稅，卒官。事見《宋史》卷三百二十七附《王安石傳》。唐坰善書法，與蘇軾、黃庭堅有交往。《御定佩文齋書畫譜》卷三十三引蘇軾《東坡集》曰：「唐林夫以書遺余云：有唐永禪師、歐陽渤海、褚河南、張長史、顏魯公、柳少師書為我評之。林夫書過我遠矣，而反求于予，何哉？」引黃庭堅《山谷集》云：「林夫學書知古人筆意，少所許可，甚愛東坡書。」引宋李之儀《姑溪集》云：「坰行筆無家法，而近類蔡君漠。」存世墨蹟有《征局冗坐帖》（圖 1-41），紙本，行書，共五行四十上五字。臺北「故宮博物院」藏。此帖筆劃頓挫有力，結體緊密，行距疏朗，兼有歐陽詢楷書的筆意和蘇軾行書的氣韻。

　　劉珙（1122-1178），字共父，崇安（今屬福建）人。以蔭補承務郎，登進士乙科，監紹興府都稅務。請辭歸，杜門力學，不急仕進。主管西外敦宗院，召除諸王宮大小學教授，遷禮部郎官。兼權秘書少監和中書舍人。金人犯邊，王師北向，詔檄多出其手，詞氣激烈，聞者泣下。出知衢州，遷潭州知府、湖南安撫使。除翰林學士、知制誥兼侍讀，拜中大夫、同知樞密院事，兼

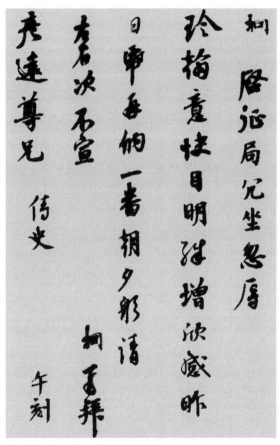

▲ 圖 1-41　唐坰《征局冗坐帖》

參知政事。知隆興府、江西安撫使。除資政殿學士、知荊南府、
湖北安撫使。後又知潭州、湖南安撫使。淳熙二年（1175），移
知建康府、江東安撫使、行宮留守，進觀文殿學士。卒，贈光祿
大夫，諡忠肅。劉珙正直有才，辦事精明果斷。民愛之若父母，
聞訃，有罷市巷哭相與祠之者。《宋史》卷三百八十六有傳。劉
珙工書，學顏書《鹿脯帖》。

陸游（1125-1210），字務觀，號放翁。越州山陰（今浙江紹興）人。十二歲即能詩文。紹興二十三年（1153）赴臨安應試進士，二十四年參加禮部考試，兩次應試都名列秦塤之前而遭秦檜黜免。二十八年（1158），秦檜已死，陸游出任福州寧德縣主簿。1163 年孝宗即位後，賜其進士出身。歷任樞密院編修官兼編類聖政所檢討官，建康、隆興、夔州通判。隆興二年（1164），陸游任隆興府（今江西南昌）通判時，被主和派以「交接台諫，鼓唱是非，力說張浚用兵」的罪名罷免了官職。乾道元年（1165）任鎮江通判。乾道八年（1172），陸游抵達南鄭，參加四川宣撫使王炎的幕府。其間八個多月的從軍生涯成為詩人重要的人生經歷，他為此寫下了許多「寄意恢復」的愛國詩篇，結集為《劍南詩稿》。淳熙二年（1175），范成大鎮蜀，邀陸游至其幕中任參議官。淳熙六年（1179）秋，陸游任朝請郎提舉江南西路常平茶鹽公事，十二月到撫州（今江西撫州市）任所。淳熙七年（1180）春，撫州大旱。五月大雨，山洪暴發，淹沒大片田地和村莊，陸游上奏「撥義倉賑濟，檄諸郡發粟以予民」。在未征得南宋政府同意前，他先撥義倉糧至災區賑濟，使災民免於饑餓之苦，然後奏請撥糧並給江西地方官下令發糧，並到崇仁、豐城、高安等地視察災情。這一舉措有損朝廷利益，十一月，被召返京待命。途中又遭給事中趙汝遇所劾，竟以「擅權」罪名罷職還鄉。陸游在家閒居六年後，淳熙十三年（1186）春，以朝請大夫知嚴州（今浙江建德縣梅城鎮）。官至寶謨閣待制、晉封渭南伯，後被劾去封號。又以「擅權」之罪罷其官職還鄉。淳熙十五年（1188），陸游在嚴州任滿，卸職還鄉。不久，被召赴臨安任

軍器少監。次年（1189），光宗即位，改任朝議大夫禮部郎中。於是他連上奏章，諫勸朝廷減輕賦稅，結果反遭彈劾，以「嘲詠風月」的罪名再度罷官。此後，陸游長期蟄居農村，於嘉定二年（1209）十二月二十九日與世長辭。陸游詩、詞、文皆善，尤以詩歌成就為高，今存詩九三〇〇多首，詞一三〇多首。著有《劍南詩稿》《渭南文集》《南唐書》《老學庵筆記》。《宋史》卷三百九十五有傳。

陸游是南宋著名書法家，其《劍南詩稿》卷五十二有《暇日弄筆戲書》詩云：「草書學張顛，行書學楊風。」卷七十《自勉》詩云：「學詩當學陶，學書當學顏。」陸游在師法顏真卿楷書，張旭狂草，楊凝式、蘇軾、黃庭堅行草書的基礎上，形成了筆劃飽滿遒勁、氣勢豪縱、意致高遠的風格。《御定佩文齋書畫譜》卷三十五引宋朱熹《朱子文集》云：「務觀筆札精妙，意致高遠。」同書卷七十八明文彭《續書畫題跋記》云：「放翁在當時不以書名而遒嚴若，此真所謂人品既，下筆自不同者也。」明張丑《清河書畫舫》卷七下云：放翁「工詞翰，書跡飄逸」。「陸放翁自書詩一卷，共計七首，字畫遒勁可愛。」（以上均見《四庫全書》本）今天，我們能見到的陸游最早的書跡是陸游與友人到鎮江焦山踏雪尋訪《瘞鶴銘》的題名石刻真跡，書于乾道元年（1165）任鎮江通判時，全文為：「陸務觀、何德器、張玉伸、韓無咎，隆興甲申閏月二十九日，踏雪觀《瘞鶴銘》，置酒上方，烽火未息，望風檣戰艦在煙靄間，慨然盡醉。薄晚，泛舟自甘露寺以歸。明年二月壬午，圜禪師刻之石，務觀書。」詞文壯麗，書法剛勁有力，筆勢結體均近似顏真卿《大唐中興頌》，

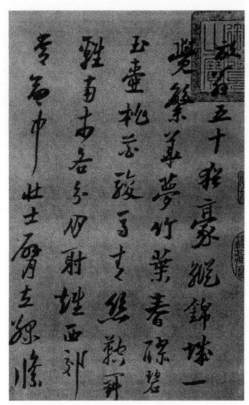

▲ 圖 1-42　陸游《懷成都十韻詩》

現被列為省級文物保護單位。陸游傳世書跡還有《自得我心詩跡》《與仲信、明遠二帖》《拜違言侍帖》《與明老帖》《仲躬帖》《書長相思詞五闋》《書大聖樂詞》，石刻有《閱古泉記》《金崖硯銘》《西湖石刻》，書論有《論學二王書》等。

陸游的書法代表作品是《懷成都十韻詩》和《自書詩帖》。《懷成都十韻詩》（圖 1-42），作於五十四歲，紙本，行草書。高三十四點六釐米，寬八十二點四釐米。北京故宮博物院藏。詩的內容是回憶五十歲左右在四川成都做參議官時候的生活情況，描繪了成都繁華的都市風貌，表達了對蜀中生活的懷念和離開成都後的失落感。此帖書法明顯受到蘇軾行書的影響，筆劃和結體與蘇軾晚期所書的《洞庭春色賦中山松醪賦》《答謝民師論文書》等名帖非常接近。筆勢勁健，骨力峭拔，字裡行間貫注著豪縱之氣。《自書詩帖》（圖 1-43），作

於八十歲，紙本，行草書。高三十一釐米，寬七〇一點五釐米。遼寧博物館藏。此卷中的八首詩都作于晚年退居紹興時，內容以描繪農村風光、農家生活為主，表現了對人生的感悟和恬淡的心境。詩風清新樸素，近似陶淵明質樸平淡的田園詩。此卷書法的總體面貌是，筆法和結體更加老到，融楊凝

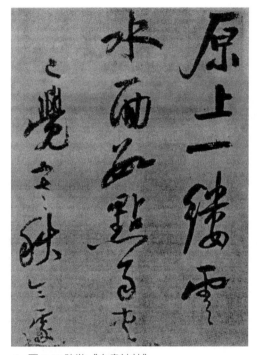

▲ 圖 1-43 陸游《自書詩帖》

式、蘇軾、黃庭堅行草書為一體，筆劃飽滿，結體放縱，既有雄豪鬱勃之氣，又不失敦厚淡雅的意趣，可謂人書俱老，揮灑自如。

　　唐璘（生卒年不詳），字伯玉，古田（今福建古田）人。嘉定十年（1217）進士。任吳縣尉，調瑞州（今江西高安）州學教授，用白鹿洞教法，崇禮讓，後文藝，士翕然知向。辟淮東運司催轄綱運官，知晉陵縣。制置使陳留守建康，辟為通判，後擢監察御史。唐璘感激知遇，盡言無隱，自是彈擊無所避。時邊事急，置四察訪使，就詔唐璘分建康、太平、池州、江西。唐璘選

將募兵，設防備戰，人人思奮，軍聲大振。尋升直華文閣，知廣州、廣東經略安撫使。後乙太常少卿致仕。明陶宗儀《書史會要》雲：伯玉工筆札，其跡雜見南宋曾宏父《鳳墅續法帖》中。

黃庭堅的書法成就

黃庭堅（1045-1105），字魯直，號山谷道人，晚號涪翁，洪州分寧（今江西修水）人。英宗治平四年（1067）進士。神宗熙寧五年（1072）參加學官考試，任北京（今河北大名）國子監教授。次年寄書蘇軾，並附上《古詩二首》，蘇、黃開始訂交。後知太和縣。哲宗立，高太后聽政時，召為秘書省校書郎，《神宗實錄》檢討官。這時期，黃與晁補之、秦觀、張耒俱遊學蘇軾門下，時人稱為「蘇門四學士」。繼遷著作佐郎，加集賢校理，兼國史編修官。紹聖元年（1094），哲宗親政，新黨得勢誣黃修《神宗實錄》有詆新法語，貶涪州別駕，黔州安置，又移戎州。徽宗即位，他和蘇軾一樣得到赦免。不久又以所作《荊南承天院塔記》中有「天下財力屈竭」等語句，被指為「幸災謗國」，羈管宜州。最後死在宜州貶所。黃庭堅的詩詞文翰，奇崛放縱，卓然名家。他是「江西詩派」的宗師，與蘇軾齊名，並稱「蘇黃」。在書法領域，黃庭堅「善行、草書，楷法亦自成一家」[1]，

---

1 元脫脫等：《宋史》卷四四四，中華書局點校本第 37 冊，第 13109 頁。

與蘇軾、米芾、蔡襄並稱為「宋四家」。

第一節 ▶ 黃庭堅的學書經歷

黃庭堅在書法的道路上經過了一段漫長的蛻變過程，他在《書草老杜詩後與黃斌老》文中自述：「予學草書三十餘年，初以周越為師，故二十年抖擻俗氣不脫。晚得蘇才翁子美書，觀之乃得古人筆意。其後又得張長史、僧懷素、高閑墨蹟，乃窺筆法之妙。」[2]他不斷地自我否定，不斷地吐故納新，他憑著自己的藝術素養和悟性，上下求索，逐漸地深入書法藝術的堂奧，成為北宋最富有創新凝神的著名書家。他的學書經歷，大致可以分為三個階段：

第一階段：嘉祐六年至元豐四年（1061-1081），即黃庭堅十七歲至三十七歲為早年時期。

黃庭堅《長句謝陳適用惠送吳南雄所贈紙》詩云：「小時雙鉤學楷法。」[3]據此可知，黃庭堅年少時學習書法是從唐楷入手，且用「雙鉤」法執筆，遵循的是一般的學書方法。從他後來書法體勢和用筆特點看，他當時從唐楷入手，取法對象主要是顏真

---

2 黃庭堅：《山谷題跋》卷七，轉自水賚佑《黃庭堅書法史料集》，上海書畫出版社 1993 年版。以下黃庭堅書論凡未另注明出處者，均轉引自此書。

3 劉尚榮點校：《山谷外集詩注》卷十，《黃庭堅詩集注》第四冊，中華書局 2003 年 5 月版，第 1101 頁。

卿、柳公權、褚遂良等，同時也涉獵了晉人的小楷和行書。

　　嘉祐六年黃庭堅十七歲，開始向書家周越學習書法。周越字子發，官至尚書郎，是北宋仁宗天聖、慶歷年間的著名書法家，擅長真草，書風婉媚，稍顯軟俗而乏古意。黃庭堅師從周越，得其勁疾之長，但尚未盡悟古人用筆之妙，自覺太露鋒芒，故二十年抖擻，俗氣不脫。他在《鐘離跋尾》寫道：「少時喜作草書，初不師承古人，但管中窺豹，稍稍推類為之，方事急時，便以意成，久之，或不自識也。」可知在這一階段，他的字寫得較媚弱，用筆帶有俗氣，在草書結構上有不少毛病，草率為之，筆意膚淺，內涵不足。他後來曾對老朋友惠洪說：「自出峽見少年時書，便自厭。」（釋惠洪《石門文字禪》卷二十七）這階段代表作品有《臥羊山題名》《潛峰題名》《書青牛篇題名》《題範寬雪圖詩》，小楷《金剛經》，小行楷《次韻叔父夷仲詩帖》等。《次韻叔父夷仲詩帖》收於《三希堂法帖》十三冊。《山谷全集·外集》載此詩，題下注云：「元豐三年改官都下作。」黃君《山谷書法鉤沉錄》九十三頁評曰：元豐三年（1080），黃庭堅三十六歲，任大名府（今北京）國子監教授八年已滿，按例到京師聽候改官之名，後被任命為太和縣令。叔父夷仲即黃廉，時以集賢校理官河東提點刑獄，兼提舉義勇保甲。山谷此詩表現出安貧樂道、嚮往江湖自由的心情。此帖結字略扁平，頗具東坡書法之意。

　　第二階段：元豐四年至紹聖元年（1081-1094），即黃庭堅三十七歲至五十歲為中年時期。

　　在這一階段中，他結識了蘇軾，取法相當廣泛。他看到了張

旭、懷素、高閑等人的草書，乃窺筆法之妙，他在《跋翟公巽所藏石刻》中說：「余中年來稍悟作草。」（《山谷集》卷二十八）他還學習智永草書，說：「今日欲學草書，當求智永《千字文》……此小草乃無俗氣耳。」在行書上，他師法五代的楊凝式和中唐顏真卿，並上窺魏晉，以二王為宗。其《題楊凝式詩碑》云：「少師此詩草，余二十五年前嘗得之，日臨數紙，未嘗不歎其妙。」其《雜書》云：「余極喜顏魯公書，時時意想為之，筆下似有風氣，然不逮子瞻遠甚。」其《與王子龍書》又云：「誠有意書字，當遠法王氏父子，近法顏、楊，乃能超俗出群。」他在《跋翟公巽所藏石刻》中稱：「《瘞鶴銘》，大字之祖也。」「柳公權《謝紫絲靸鞋帖》，筆勢往來如用鐵絲糾纏，誠得古人用筆意。」從《瘞鶴銘》中吸取欹側之勢，從柳書中借鑒了中宮收緊、長筆恣肆的結體。在這一階段，他縱橫博覽，兼收並蓄，書藝大進。他在《跋舊書詩卷》說：「自喜中年來書字稍進爾。」（《山谷集》卷二十九）在《戲草秦少遊好事近因跋之》說：「三十年作草，今日乃似造微入妙。」這階段行楷書代表作有《南山順濟龍王廟記》（1083 年書）、《王長者墓誌》（1086 年書）、《華嚴疏》（1086 年書）、《薄酒醜婦歌碑》（1088 年書）、《跋五馬圖卷》（1090 年書），行草書代表作有《花氣詩帖》（1087 年書）等。

　　第三階段：紹聖元年至崇寧四年（1094-1105），即黃庭堅五十歲至六十一歲為晚年時期。

　　在這一階段，他在政治鬥爭的漩渦中屢遭挫折，但在書藝上卻是一生的輝煌時期。其原因：一是得草書三昧。他在《書自作

草後》中說：「紹聖甲戌在黃龍山中，忽得草書三昧，覺前所作太露芒角，若得明窗淨几，筆墨調利，可作數千字不倦。」（《山谷集》卷二十九）二是見到懷素《自敍》真跡。宋代胡仔《苕溪漁隱叢話．後集》卷三十二引山谷語云：「元祐中，與子瞻、穆父飯寶梵僧舍，因作草數紙。子瞻賞之不已，穆父無一言。問其所以。但云：『恐公未見藏真真跡。』庭堅心竊不平。紹聖貶黔中，得藏真《自序》于石揚休家。諦觀數日，恍然自得，落筆便覺超異。」[4]明代沈周在黃庭堅書《李白憶舊遊詩》後所寫的跋語稱：「山谷書法，晚年大得草書三昧。」[5]三是「字外求法」，師法自然。黃庭堅至黔後，字體一變。他經巫峽，上瞿峽，江中驚湍急流，銀濤雪浪，岸上群峰壁立，危崖峻峭，大自然奇險萬變的雄偉景色，給了他極大的啟發。融會於心中，運用於筆端，筆力遂有三峽倒流之勢。正如他在《跋唐道人編餘草稿》中所述：「山谷在黔中時，字多隨意曲折，意到筆不到。及來僰道，舟中觀長年蕩槳、群丁撥棹，乃覺少進，意之所到，輒能用筆。」他從「長年蕩槳、群丁撥棹」的景象中，感悟到筆在紙上行進時克服阻力所形成的艱澀之勢，心手相應的協調關係，特別是撇、捺兩筆放縱中蘊含沉鬱的氣勢。他在學習前人書跡的同時，善於從生活和自然現象中獲得啟示和靈感，從而通過「字外求法」，進一步悟得古人用筆之意。實踐使他體會到：「張長史

---

4 宋胡仔：《苕溪漁隱叢話》，人民文學出版社 1962 年版。

5 徐邦達：《古書畫過眼要錄》，湖南美術出版社 1987 年版，第 282 頁。

折釵股，顏太師屋漏法，王右軍錐畫沙、印印泥，懷素飛鳥出林、驚蛇入草，索靖銀鉤蠆尾，同是一筆，心不知手、手不知心法耳。」元符二年（1099），黃庭堅在戎州時，自評其黔州時書說：「余在黔南，未甚覺書字綿弱。及移戎州，見舊書多可憎，大概十字中有三四差可耳。今方悟古人沉著痛快之語，但難為知音爾。」建中靖國元年（1101），黃庭堅謫居荊南，自謂：「觀十年前書，似非我筆墨耳，年衰病侵，百事不進，惟覺書字倍徙增勝。」崇寧四年（1105），黃庭堅被流放到廣西宜州，身竄蠻荒之地，窮年皓首，潦倒不堪，他只能將滿腔悲憤寄託在翰墨之中。他在《題自書卷後》中說，當時只能用三錢一支的雞毛筆來書寫。生活上艱難困苦，藝術上卻突飛猛進，達到人書俱老的境界。在這一階段，黃庭堅的大字行楷和狂草書齊頭並進，新境迭生，筆法、結字、章法、神韻全面走向成熟。這一階段的大字行楷代表作有《寒山子龐居士詩卷》（約 1099 年至 1100 年書）、《為張大同書韓愈贈孟郊序後記》（1100 年書）、《牛口莊題名卷》（1100 年書）、《黃州寒食詩跋》（1100 年書）、《詩送四十九姪》（1101 年書）、《經伏波神祠詩》（1101 年書）、《松風閣詩卷》（1102 年書）、《范滂傳》（1104 年書）等；小字行楷書代表作有《小子相孏書帖》（孏通懶）（約 1097 年書）、《苦筍帖》（1099 年書）、《山預帖》（1101 年書）等；草書代表作不僅有短幅精品《杜甫寄賀蘭銛詩帖》（1095 年書），而且有長卷巨幅《廉頗藺相如列傳》（1095 年書）、《劉禹錫竹枝詞》（1099 年書）、《諸上座帖》（1100 年書）、《李白憶舊遊詩》（1104 年書）等。

　　概括地說，黃庭堅的學書道路是：早年，他師從周越，得其

勁疾之長，但自覺太露鋒芒，故二十年抖擻，俗氣不脫。中年取法張旭、懷素，又學顏魯公、楊凝式，尤其得力於「大字之祖」《瘞鶴銘》之神韻，方始自成家法。晚年謫居涪陵時，於石揚休家見到懷素《自敘》真跡，自謂「忽得草書三昧」（《書自作草後》）。被貶戎州時，於樊道舟中觀艄公蕩槳，群丁撥棹，頓悟用筆之法，書藝大進。他身處蠻荒之地，「年衰病侵，百事不進，惟覺書字倍蓰增勝」（《山谷別集》卷十二），晚年的書法達到了出神入化、爐火純青的境地。

第二節 ▶ 黃庭堅的書法理論

　　黃庭堅的書論，散見於大量的題跋、書信和詩歌之中，論及的內容有書法創新、學養韻味、技能訓練等各個方面的問題。其中最值得重視的，是關於書法創新、學養韻味的一系列論述。

一、提倡「自成一家」

　　藝術的終極目的在於表現自我，在於創新，在於自成一家。黃庭堅在《以右軍書數種贈丘十四》詩中寫道：「隨人作計終後人，自成一家始逼真。」在其他詩文中，也多次提及此二句，可見提倡「自成一家」是他一貫的主張。從大的方面講，宋代應有與唐代不同的「自成一家」的時代書風；從小的方面說，每個書家又應有個人獨特的風格。他在《題顏魯公帖》中，對顏真卿擺脫初唐法度、「蕭然出於繩墨之外」的創新精神給予了充分肯定。他對蘇軾的抒情寫意的書風極為推崇，《跋東坡〈寒食帖〉》

云：「東坡此書似李太白，猶恐太白有未到處。」認為東坡書法就像李白的詩篇一樣，自由率意，超邁出塵。黃氏在談到自己對書法的深刻領悟時說：「老夫之書本無法也。但觀世間萬緣，如蚊蚋聚散，未曾一事橫於胸中，故不擇筆墨，遇紙則書，紙盡則已，亦不計較工拙與人之品藻譏彈。」（《書家弟幼安作草後》）他說自己的書法「本無法」，並非是不懂法度，而是在書法創作中能擺脫法度的約束，既不計較字的工拙好醜，也不在乎別人如何品評譏彈。他只是把書法作為遣興的手段，書寫的過程也是也是「玩」的過程，但求一抒心中所悟，從書寫過程中得到一種快感。

黃庭堅提倡自出新意、自成一家的書法理論，從思想淵源看，與中唐以來盛行的狂禪之風密切相關。自慧能開始的禪學，力說「心佛平等」「自性是佛」「即心即佛」，經過歷代祖師的繼承發揮，至洪州禪時代，已出現對佛公開挑戰的言行，佛的崇高形象受到嚴重的削弱和汙損。如：丹霞天然焚燒佛像取暖（《景德傳燈錄》卷十四），臨濟義玄公然提出「逢佛殺佛，逢祖殺祖」，「不與物拘，透脫自在」（《臨濟錄》）。其後，德山宣鑒便大興呵佛罵祖之風，認為：「達摩是老臊胡，釋迦、老子是乾屎橛，文殊、普賢是擔屎漢」，全部佛經是「拭瘡疣紙」（《五燈會元》卷七）。[6]這種自性是佛、身外無佛乃至呵佛罵祖的狂禪思想，開發了人的個性意識，衝擊著正統的儒學思想，給文學藝術吹進了一股新鮮空氣，自然也刺激著書法藝術的發展、變化。因

6　潘桂明：《中國禪宗思想歷程》，今日中國出版社 1992 年版。

而，在書法領域，唐人法度受到嚴峻的挑戰，強調自出新意、自成一家的觀點也就應運而生了。

二、重視「學養韻味」

黃庭堅書論中闡述得最多的是書家學養和書藝的韻味。清代劉熙載《藝概・書概》評曰：「黃山谷論書最重一『韻』字，蓋俗氣未盡者，皆不足以言韻也。」從山谷的詩文、題跋中可以看出，他多次強調士人要不俗，書法才有韻。其《山谷別集》卷十《書嵇叔夜詩與侄榎》云：

> 余嘗為諸子弟言：士生於世，可以百為，唯不可俗，俗便不可醫也。或問不俗之狀，余曰：難言也。視其平居無以異於俗人，臨大節而不可奪，此不俗人也。

他一方面強調「士」不能流入俗氣，俗了便不可救藥；另一方面又列舉了不俗的表現，即「平居無以異於俗人，臨大節而不可奪」，也就是說，一個人在名利面前能夠不計個人得失，在生死關頭能夠堅持理想、堅貞不屈，這種人就稱得上不俗之人。

黃氏《跋與張載熙書卷尾》中強調：「學字既成，且養於心中無俗氣，然後可以作示人為楷式。凡作字須熟觀魏晉人書，會之於心，自得古人筆法也。」認為掌握了技法，並且脫去了俗氣，才可創作書法作品給人看，供人學習。要達到這種境界，必須向魏晉人學習。《題絳本法帖》云：「觀魏晉間人論事，皆語少而意密，大都猶有古人風澤，略可想見。論人物要是韻勝為尤

難得。蓄書者能以韻觀之，當得仿佛。」他推崇魏晉人的風采神韻，認為王羲之父子的偉大之處就在於「韻勝」，他說：「若論工不論韻，則王著優於季海，季海（徐浩）不下子敬；若論韻勝，則右軍、大令之門，誰不服膺？」（《書徐浩題經後》）黃氏在貶謫宜州時，居於透風漏雨之室，「設臥榻，焚香而坐」（事見《題自書卷後》），揮毫書寫《漢書‧范滂傳》，那種行為也表現出魏晉人曠達超脫的襟懷。他對戰國時代「先國家之急而後私仇」的賢明將相廉頗、藺相如，東漢節操高尚的賢才范滂，唐代直言敢諫的名臣魏徵和忠心為國的英烈顏真卿等人，都十分傾慕。《廉頗藺相如列傳》《范滂傳》兩文，他爛熟於心，分別書寫成草書長卷和行書長卷。這些都可看作是他所說的「不俗人」的注腳。

　　黃氏在品評書家和書藝作品時，始終堅持除俗重韻、以韻取書的標準。《題王觀複書後》云：「此書雖未及工，要是無秋毫俗氣。蓋其人胸中磈磊不隨俗低昂，故能若是。今世人字字得古法，而俗氣可掬者又何足貴哉！」《跋周子發帖》云：「王著……極善用筆，若使胸中有書數千卷，不隨世碌碌，則書不病韻，自勝李西台、林和靖矣。蓋美而病韻者王著，勁而病韻者周越，皆渠儂胸次之罪，非學者不盡功也。」他認為，王觀複書「雖未及工」，但「無秋毫俗氣」，令人賞愛；王著、周越的書藝作品雖「極善用筆」，但俗氣滿紙，缺乏韻味，令人厭惡。他推崇林逋書法的「清氣」，認為「林處士書，清氣照人，其端勁有骨，亦似斯人涉世也。」（《山谷題跋》卷八《題林和靖書》）。他更推崇蘇軾，認為「東坡簡札，字形溫潤，無一點俗氣」。（《豫章先

生文集》卷二十九《題東坡字後》）在《跋東坡墨蹟》中對蘇軾給予充分肯定：「……至於筆圓而韻勝，挾以文章妙天下，忠義貫日月之氣，本朝善書自當推為第一。」在《題北齋校書圖後》一文中，黃氏記述了自己在京城為駙馬品題書畫的情景：「往時在都下，駙馬都尉王晉卿時時送書畫來作題品，輒貶剝令一錢不直，晉卿以為過。某曰：『書畫以韻為主，足下囊中物，無不以千金購取，所病者韻耳。』」（《山谷別集》卷十）堂堂駙馬爺花千金購取的書畫作品，在黃氏眼中，都是俗不可耐的廢品，足見黃氏品評書法眼界之高，標準之嚴。

綜觀黃氏對學養韻味的有關論述可知，要想在書法上有成就。除掌握技法之外，更重要的是多讀書，培養達觀的態度和高尚的節操，達觀而有節操才不俗，才有高格調，高格調就是「韻」。

三、以禪喻書的品評方式

黃庭堅受禪宗頓悟式的思維方式的影響，創造性地把禪理引入書論之中，形成以禪喻書的品評方式。如《跋法帖》說：「余嘗論近世三家書云：王著如小僧縛律，李建中如講僧參禪，楊凝式如散僧入聖，當以右軍父子書為標準。觀予此言，乃知其遠近。」（《山谷集》卷二十八）黃氏認為，王著的書法為法度所束縛，像小和尚剛學念經；李建中精通法度但缺乏新意，像善於講經的和尚；楊凝式擺脫法度，進入無法的境地，像達到化境的法師。王著、李建中、楊凝式三位書家之間的差距，猶如小僧、講僧、散僧三類僧人，高低優劣，顯而易見。至於王右軍，自然

是屬於「散僧入聖」一類的大師。又如《自評元祐間字》云：「蓋用筆不知擒縱，故字中無筆耳。字中有筆，如禪家句中有眼。非深解宗趣，豈易言哉！」黃氏從自己的書藝實踐中悟出，用筆不知擒縱變化，寫出來的字就無筆法可言，字中有擒縱多變的筆法，就像禪家語錄中有機鋒妙語，而對筆法的掌握，也像習禪那樣，要靠長期積累，偶然悟得。這類以禪喻書的品評方式，帶有獨創性，在宋代以前是沒有的。不過由於數量並不多，再者禪理本身難以理解，以禪喻書，其結果是增加了理解的難度，因而未能形成氣候，但其中文人情味和禪宗意趣無疑是很濃的。

第三節 ▶ 黃庭堅的書法創作成就

黃庭堅的書法創作成就主要在行楷書和草書兩個方面，其「擘窠書學《瘞鶴銘》，瘦勁清栗，真出鐵石手腕。其行押書，亦有透絹處，沉鷙痛快，墨汁透入絹背，即襯紙亦可裝潢作玩也」（不著撰人《硯山齋雜記》）。

一、黃庭堅的行楷書創作成就

黃庭堅的行楷書創作已突破王羲之、顏真卿的樊籬，有自己的面目風神，其特點表現為：橫畫斜側而長，豎畫曲而有力，撇捺盡力伸展；結構受《瘞鶴銘》和柳公權楷書的影響，中宮收緊，長筆四展，呈輻射狀；章法上，一幅之中，有的傾右，有的傾左，有的側而若正，有的正而若側，整幅字看起來，給人以縱伸橫溢、舒展大度的美感。其行楷書可分為小字行楷書和大字行

楷書兩類。

（一）小字行楷書代表作品有《王長者墓誌》（1086 年書）、《小子相嬾書帖》（約 1097 年書）、《苦筍帖》（1099 年書）、《山預帖》（1101 年書）等。

《王長者墓誌》，墨蹟本，紙本，小字行楷書。縱三十三點四釐米，橫六十五釐米。臺北「故宮博物院」藏。此帖為黃庭堅傳世草稿，元祐元年（1086）書於開封，塗改甚多，字裡行間流露出對亡人的追思，筆墨隨情而動，無意為書而行筆自然。從用筆和結體中，可以看出王羲之、顏真卿乃至蘇軾行書對他的影響。

《小子相嬾書帖》，墨蹟本，紙本，小字行楷書。縱三十一點三釐米，橫三十三點三釐米。共七行，一百四十字。上海博物館藏。此帖書於紹聖四年（1097），內容為針對兒子相嬾於學書，告誡兒子相加強道德和學問修養。帖中「嬾」同「懶」。此帖筆劃瘦勁舒展，結體緊密而呈側勢，每行縱貫直下，行與行之間留有較寬的空白，形成疏朗蕭散的佈局。

《苦筍帖》，墨蹟本，紙本，小字行楷書。縱三十一點七釐米，橫五十一點二釐米。臺灣「故宮博物院」藏。元符二年（1099），黃庭堅謫居戎州，酷嗜苦筍，因而寫下《苦筍賦》。此帖用筆勁健，點畫精到，骨力特強，結體內緊外放，左低右高，橫畫、撇畫、捺畫盡力伸展，字距緊密，行距疏朗，十分耐看。

《山預帖》，墨蹟本，紙本，小字行楷書。縱三十一點二釐米，橫二十六點八釐米。臺灣「故宮博物院」藏。此帖書於建中靖國元年（1101），內容為記敘當陽張中叔給他寄山預（山芋）

之事。此帖用筆細勁，筆劃剛中帶柔，結體以斜側為主，章法上行間空白較寬，顯得舒展輕靈，流露出幾分閒適的意趣。

（二）大字行楷書代表作品有《華嚴疏》（1086 年書）、《寒山子龐居士詩卷》（約 1099 年至 1100 年書）、《為張大同書韓愈贈孟郊序後記》（1100 年書）、《牛口莊題名卷》（1100 年書）、《黃州寒食詩跋》（1100 年書）、《詩送四十九侄》（1101 年書）、《經伏波神祠詩》（1101 年書）、《松風閣詩卷》（1102 年書）、《范滂傳》（1104 年書）等。

《華嚴疏》，墨蹟本，綾本，大字行楷書。縱二十五點一釐米，橫一百一十五釐米。共一百一十三字。上海博物館藏。此帖大約元祐元年（1086）書於開封，內容是為華嚴寺異上人開基化緣所作的「疏」文。其書法主要取法於顏真卿大字筆意，兼有蘇軾行楷書的氣韻，摻以己意，融會成自家面目。下筆厚重而酣暢，凝練而舒展，骨硬肉豐，寬緊有序，有篆籀氣。結體、章法以顏為宗，欹側處暗合蘇軾。通篇穩健端莊，氣勢開張，但尚未形成黃書的典型風格。明張丑《真跡目錄》評曰：「用花綾書之，雖破碎而神采煥然，終不失為名跡也。」

《寒山子龐居士詩卷》，墨蹟本，紙本，大字行書長卷。縱二十九點一釐米，橫二百一十三點八釐米。臺北「故宮博物院」藏。此卷約書于元符二年至三年（1099-1100），展現了黃書的典型風格。用筆老辣、凝練，筆劃沉著渾厚，有折釵股、屋漏痕之妙。尤其是三點水偏旁的寫法別具個性，第三點本該露鋒挑出，寫成挑畫，卻深藏其鋒，或只露出一點點小尖。許多橫向的筆劃，運筆提按跌宕，富有輕重、急徐、粗細等多種變化，使人產

生峻拔奇險的動勢感。結體力趨險絕，點畫長短隨心，每個字的中宮緊斂和筆劃的左右伸拖構成了鮮明的對比，形成黃庭堅所刻意追求的「輻射狀」結構法。章法上，在沒有考慮字距的情況下，對於字的形態、取勢作了不同的處理，大小、正欹、長短、寬窄、疏密參差錯落，相乖相應，互不干擾；常用一兩個長筆劃縱橫取勢，打破行間的空白，使字形神采飛揚，產生一種極強的運動感。整幅作品字距緊密，行距疏朗。字內空間，往往密處愈密，疏處更疏。由於極疏和極密處用筆的擒縱不同，字內空間與字外空間氣息相通，融為一體，形成豐富多樣、變化莫測的空間節奏。從豪邁跌宕的筆致和豐富多樣的空間中流露出瀟灑的意趣，表現出俊爽的風神，充分體現出黃書瘦硬雄健、剛直奔放的特殊風格，成為北宋書壇上獨樹一幟的流派，對後世影響巨大。

《為張大同書韓愈贈孟郊序後記》，墨蹟本，紙本，大字行楷書。縱三十四點一釐米，橫五五三點五釐米。美國普林斯頓大學藝術博物館藏。此卷書于元符三年（1100），卷尾有吳寬、李東陽、莫紹德跋。吳寬跋云：「展玩間老氣勃勃，覺不可當。可恨波撇太長，又恐鶴頸不宜斷耳。」此卷用筆放縱，橫畫、撇畫、捺畫盡情伸展，鋒芒外露，骨力特健；結體中宮收緊，而四面呈輻射狀。在用筆和結體上表現出大膽的創新，但也存在刻意經營的痕跡。這種勁放雄健的行書對明清時代的祝允明、沈周、王鐸、鄭板橋等有直接影響。

《牛口莊題名卷》，又名《戎州帖》，墨蹟本，紙本，大字行楷書。縱二十四點五釐米，橫一千點五釐米。中國歷史博物館藏。此卷書于元符三年（1100），用筆爽利順暢，但顯得過於圓

滑，缺乏頓挫傲峭之氣，與黃庭堅晚年行書中結體內緊外放、長筆艱澀推進、轉折處折鋒換筆的特徵不相吻合，因而此卷是否出自黃庭堅的筆下，難免令人懷疑。

《黃州寒食詩跋》，墨蹟本，紙本，大字行書。縱三十四點三釐米，橫六十四釐米。臺北「故宮博物院」藏。清宋犖《漫堂墨品》雲：「東坡《寒食詩》及山谷跋，偶然欲書，遂入神品。」此帖書于元符三年（1100），用筆老辣，擒縱相生，藏露結合，方圓並用。筆劃遒勁，骨力奇峭；墨色忽枯忽潤，拙中藏秀；結體內緊外放，呈輻射狀；橫、豎、撇、捺等筆劃盡情向上下左右開張。章法上隨意揮灑，不拘一格，字距雖小卻錯落有致，縱橫馳騁，跌宕多姿，給人以強烈的節奏感和運動感。

▲ 圖 1-44　黃庭堅《經伏波神祠詩》

《詩送四十九侄》，墨蹟本，紙本，大字行楷書。縱三十五點二釐米，橫一百三十點三釐米。北京故宮博物院藏。此帖約書於建中靖國元年（1101），筆劃圓實勁健，結體中宮緊收，長筆向四周展放，顯示了黃庭堅行書瘦硬奇肆的風神。

《經伏波神祠詩》（圖 1-44），墨蹟本，

紙本，大字行楷書，四十六行，一七一字。真跡現存日本。這是黃庭堅應其兒媳家親戚師洙（濟道）之求而寫的一幅長卷，建中靖國元年（1101）五月十五日寫於湖北荊州沙尾（今沙市）。[7]《經伏波神祠》是唐代詩人劉禹錫寫的一首詠史懷古的五言古詩：「濛濛篁竹下，有路上壺頭。漢壘麏鼯鬥，蠻溪霧雨愁。懷人敬遺像，閱世指東流。自負霸王略，安知恩澤侯。鄉園辭石柱，筋力盡炎洲。一以功名累，翻思馬少遊。」伏波祠是民間祭祀伏波將軍的祠廟。漢武帝時，戰事頻繁，設置了各種將軍名號，伏波將軍是其中的名號之一，其命意是降伏波濤。第一位出任伏波將軍的是漢武帝時期的路博多，最著名的伏波將軍是東漢光武帝時期的馬援。馬少遊是馬援的從弟。《後漢書·馬援傳》載，光武帝建武十一年（35），馬援任隴西太守，率軍擊破先零羌。十七年，又任伏波將軍。後在鎮壓武陵「五溪蠻」時，病死軍中，實現「以馬革裹屍還葬」的志願。其從弟馬少游志向淡泊，知足求安，無意功名，認為優遊鄉里即足以了此一生。後世把馬少游作為士人不求仕進、知足求安的典型。伏波將軍在湖北有祠祭祀，唐代著名詩人劉禹錫曾路過此處，寫下《經伏波神祠詩》。此詩所詠贊的歷史人物當是馬援。開頭四句描寫伏波神祠的荒涼景象，中間六句追懷馬援率軍平定西南邊疆，撫境安民的英雄壯舉，最後兩句感歎人生一旦為功名所牽累，反而覺得不如知足求安的馬少遊那樣悠閒自得。此幅詩卷結體內緊外放，略呈左低右高之勢，字距緊密，筆勢放縱，墨色濃重，格調雄奇超

7 黃君：《山谷書法鉤沉錄》，江西教育出版社 2005 年版，第 20 頁。

邁，淋漓盡致地表達出黃庭堅恢宏開張的文人氣度，歷來受到書家的激賞。一個有趣的現象是，在黃庭堅書寫劉禹錫《經伏波神祠詩》的前一年，即元符三年（1100），蘇軾正自貶謫之地海南島被赦放還，與兒子蘇過渡海北歸，一路風靜波平，在廣東朱崖書寫了《伏波將軍廟碑》，向伏波神致謝。伏波神專解水難，為民間所信奉。黃庭堅書《經伏波神祠詩》自跋中也有「水漲一丈」的荊州大水記載，似乎是祈禱伏波神庇佑。兩位大家的作品前後輝映，似乎有某種神秘的因緣。

《松風閣詩卷》（圖 1-45），墨蹟本。紙本。縱四十釐米，橫二二八點七釐米。二十九行，一五三字，係手卷作品。現藏臺北「故宮博物院」。此詩卷作於崇寧元年（1102），作者時年五十七歲。內容是記作者遊玩湖北鄂城樊山松風閣時所看到的旖旎風光，抒發了對長年遭貶生涯的不滿情緒。黃庭堅作此詩時，蘇軾已謝世，而好友張耒剛被貶往黃州，且即將到貶所。黃州與鄂州僅一江之隔，這對黃庭

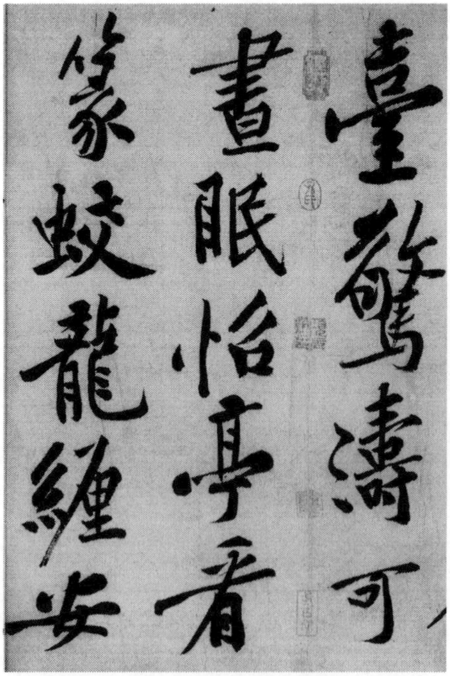

▲ 圖 1-45　黃庭堅《松風閣詩卷》

堅而言，無疑是個重要的消息，所以詩中寫道：「東坡道人已沉泉，張侯何時到眼前。」此詩卷字大如小拳，筆劃舒展恣肆，如長槍大戟，結字呈輻射狀，如奇峰危聳，具有勁健、沉雄之氣，書法的形質美與詩中所詠「老松魁梧數百年，斧斤所赦今參天」的詩意以及句句押韻、鏗鏘雄壯的柏梁體詩風形成完美的統一，充分表現了黃庭堅行書的瘦硬開張的風格。清人孫承澤《庚子銷夏記》卷一《黃魯直〈松風閣詩〉墨蹟》評曰：「予于甲申後見山谷數卷，最愛《松風閣卷》。其詩清脫妙不可言，字乃正書勁秀，全用柳公權法，他書所不及也。」《古書畫過眼要錄》，第二百八十六頁。

《范滂傳》（圖 1-46），拓本，行楷書。刊於日本《中國書道全集》（五）。此作書於崇寧四年（1105）謫居宜州時，是黃庭堅大字行楷書中現存年代最晚的一件作品，從中可以窺見他在命

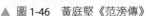
▲ 圖 1-46　黃庭堅《范滂傳》

運最坎坷、環境最惡劣的情況下，書法創作所表現出來的頑強的生命意識和豁達的胸襟。關於這幅書法作品的創作背景，南宋嶽珂《桯史》卷十三《范碑詩跋》有這樣的記載：

趙履常（崇憲）所刊四說堂山谷《范滂傳》，余前記之矣。後見跋卷，乃太府丞余伯山（禹績）之六世祖若著倅宜州日，因山谷謫居是邦，慨然為之經理舍館，遂遣二子滋、滂從之遊。時黨禁甚嚴，士大夫例削札掃跡，惟若著敬遇不殆，率以夜遣二子奉幾杖執諸生禮。一日攜紙求書，山谷問以所欲，拱而對曰：「先生今日舉動，無愧東都黨錮諸賢，願寫范孟博一傳。」許之，遂默誦大書，盡卷僅有二三字疑誤。二子相顧愕服。山谷顧曰：「《漢書》固非能盡記也，如此等傳，豈可不熟？」聞者敬歎。若著滿秩，持歸上饒，家居寶藏之。

按：「倅」是宋人對州縣行政副職的別稱，「倅宜州」是指擔任宜州通判。從這則記載可知，黃庭堅初到宜州貶所時，元祐黨禁甚嚴，宜州士民均不敢接近他。唯有時任宜州通判的上饒人余若著對他「敬遇不殆」，不僅慨然為他安排生活住宿諸事務，而且還讓兩個兒子余滋、余滂跟隨他遊學，夜間復遣二子奉幾杖，執弟子之禮。《范滂傳》長卷乃是應余若著之請，寄寓了書寫者與求字者深刻思想感情的珍貴作品。范滂（137-169），字孟博，是東漢節操高尚的賢才，他與太學生結交，反對宦官專權。在政治鬥爭中，范滂剛正不阿，成為古代正直知識份子的典範，

結果與李膺等同時被捕。釋放後再度被捕，寧死不屈，死於獄中。黃庭堅對范滂的人品十分敬重，對他的遭遇十分同情，聯想到自己在政治上遭受迫害，因而反覆誦讀並書寫《范滂傳》以自慰。此卷字徑數寸，筆劃以欹側取勢，橫畫斜長，豎畫虯曲，相乖相應。特別是中宮斂結，長筆四展的「輻射式」結構，撇捺拖出，姿態宕逸，意韻瀟灑，幾欲凌駕唐人。通篇充滿勃鬱、激蕩之氣，表現出桀驁不馴的個性和剛毅挺拔的精神。

二、黃庭堅的草書創作成就

　　黃庭堅在草書方面經歷了兩次關鍵性的頓悟，即謫居涪陵和被貶戎州時，這是他官場失意後被貶於蠻荒之地的意外收穫，他由廟堂、書齋走向民間和大自然，仕途潦倒的苦難，壓抑後情緒的噴發，成就了他孜孜以求的草書藝術。他的草書主要學懷素，但有自己的新面目：一是筆劃摻以《瘞鶴銘》和隸書的筆意，使轉中強調提按、向背、快慢、曲直、行留，豐富而又凝重；二是結體和章法上，一字之中，筆劃常常斷開，一行之中，字與字之間時時斷開，很少一筆直貫到底，這樣處理，黑的點線與白的空間相互穿插，相互推動，使整幅作品章法形成曲折推進的氣勢。其草書代表作不僅有短幅精品《花氣詩帖》（1087 年書）、《杜甫寄賀蘭銛詩帖》（1095 年書），而且有長卷巨幅《廉頗藺相如列傳》（1095 年書）、《劉禹錫竹枝詞》（1099 年書）、《諸上座帖》（1100 年書）、《李白憶舊遊詩》（1104 年書）等。除《花氣詩帖》外，其他各帖均書於晚年「人書俱老」、俱逸之時。

　　《花氣詩帖》，墨蹟本，紙本，行草書。縱三十點七釐米，

橫四十三點二釐米。共五行。臺北「故宮博物院」藏。此帖書於元祐二年（1087），《三希堂法帖》有摹刻。內容為自作詩：「花氣熏人欲破禪，心情其實過中年。春來詩思何所似，八節灘頭上水船。」抒寫「花氣熏人」而產生的喜悅激動的心情。清人安岐《墨緣匯觀》評曰：「此詩書法精妙，神氣煥發。每見涪翁大草書，其間雖具折釵股、屋漏痕法，然多率意之筆，殊不滿意。此書無一怠意，或因詩句短少使然。」此帖確如安岐所評，筆筆用意，毫不懈怠，筆劃無論粗細，都剛健挺勁；墨色有濃潤枯澀的變化；章法上，第一、二行呈垂直線，略顯拘謹，第三、四行出現偏斜，趨於放縱。不難看出，作者在書寫時心情是逐漸進入興奮狀態的。從筆法、墨法、章法上看，此帖均很完美，是一件難得的草書小品。

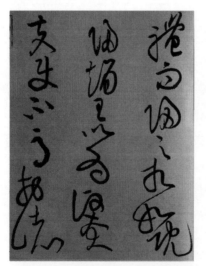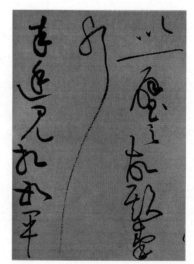

▲ 圖 1-47　黃庭堅《廉頗藺相如列傳》

《杜甫寄賀蘭銛詩帖》，墨蹟本，紙本，草書。縱三十四點七釐米，橫四十八點七加二十點九釐米。北京故宮博物院藏。此帖大約是紹聖二年（1095），黃庭堅在黔州所書。內容為杜甫的五言律詩：「朝野歡娛後，乾坤震盪中。相隨萬里日，總作白頭翁。歲晚仍分袂，江邊更轉蓬。勿云俱異域，飲啄幾回同。」雖為短幅，卻寫得起伏跌宕。筆劃或疾或緩，活脫圓暢；結體或緊密，或放縱，靈動多變；字與字之間或茂密，或寬舒。真可謂隨心走筆，自然天成，恰似一支短小而優美的樂曲。

　　《廉頗藺相如列傳》（圖 1-47），墨蹟本，紙本，狂草書。縱三十二點五釐米，橫一八二二點四釐米，二百零五行，一一七〇餘字。每行一至七字不等。《式古堂書畫匯考》《墨緣匯觀》等著錄。原件已流入美洲，現藏於美國紐約大都會藝術博物館。[8]此長卷大約是紹聖二年（1095）黃庭堅在黔州所書。在黃庭堅之前，草書長卷有孫過庭《書譜》，長八九八一點二四釐米，懷素《自敘帖》，七五五釐米，而這幅草書長卷竟長達一八二二點四釐米，遠遠超過以前書家的草書名作的長。《廉頗藺相如列傳》是《史記》中的名篇，文中通過「完璧歸趙」「澠池會」「將相和」三件事，突出表現了藺相如面對強敵，臨危不懼的大智大勇和他顧全大局、不計個人恩怨的高尚品質；讚揚了廉頗在保衛國家方面的功勳、知錯必改的豪邁氣度和磊落胸懷。黃庭堅在新舊黨爭

8　王玉池：《黃庭堅草書簡論》，《黃庭堅研究論文集》第三冊，江西教育出版社 2005 年版，第 1198 頁。

中橫遭貶謫，書此長卷或是寄託「將相和」的希望。此幅長卷筆劃圓轉勁健，撇、捺、橫向左右伸展，豎畫盡情放縱；結字或大或小、或長或短、或正或斜、或伸或縮，靈活多變，開合自如；每行呈縱向流動，疏密變化極大，收放起伏最明顯，時而如涓涓細流，時而如波峰突起，充滿起伏跌宕的節奏感，表現出高度嫻熟的駕馭線條的能力和令人驚歎的獨創精神。

《劉禹錫竹枝詞》，墨蹟本，絹本，狂草書。縱三十釐米，橫一八二釐米。共四十行，其中草書三十六行，行書跋尾四行。浙江寧波市天一閣文物保管所藏。劉禹錫《竹枝詞九首》是仿照四川東部民歌而創作的一組詩歌。此卷書於元符二年（1099），作者善於利用每行字群的疏密大小和中軸線的擺動，造成或縱或擒、時開時合的運動感。開篇用筆縱橫恣肆，勢不可遏，且疏密相映成趣，左右逢源，皆因筆筆成竹在胸。寫至第十一行，「（橋）東橋西好楊柳」六字連綿，盤曲纏繞，一氣呵成。第十二、十三行行筆略為緩慢，從第十四至二十八行，筆勢迅疾，點畫飛動，字距緊密，形態千變萬化，節奏跌宕激越，是全篇最精彩動人之處。第二十八行之後，筆勢舒緩流暢，行距變得疏朗，字形互不相犯，不像前半部分那樣恣肆跌宕。令人略感不足的是，最後三行的草勢有些鬆懈怠慢，與整篇的氣勢稍有距離；末尾四行行書顯得節奏遲緩，與全篇飛揚起伏的草書氣象不相吻合。總體而論，此卷貴在流暢奔放，變化無窮，充分體現了黃庭堅駕馭狂草的非凡能力。

《諸上座帖》（圖 1-48），墨蹟本，紙本，狂草書。縱三十三釐米，橫七百二十九釐米。九十二行，四百七十七字。現藏北京

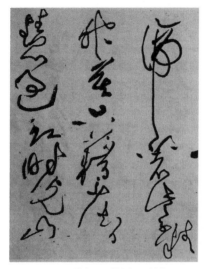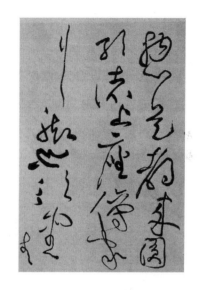

▲ 圖1-48　黃庭堅《諸上座帖》

故宮博物院。此帖大約是元符三年（1100）黃庭堅在四川青神縣
所書，內容是黃庭堅為其友李任道用狂草書寫的五代文蓋禪師語
錄，是黃庭堅狂草革新之作，其藝術價值十分珍貴。作者用各種
誇張的長線和有意縮短的線——圓點，把紙面空間分割成各種不
同形狀的空白塊面，使白的空間產生特殊的連續運動。在字的連
接上，經常採用傾倒的字勢、相互呼應的辦法來「勢接」，而不
是「筆連」。這樣便造成了中軸線和外廓線的大幅度變化，常常
突起波瀾，出人意料。黑的點線和白的空間產生兩種流動的氣
勢，使整幅作品活了起來。若把黃氏《諸上座帖》與懷素《自敘
帖》進行比較，可以看出至少有兩點不同：其一，《自敘帖》書
寫速度快，筆劃極流暢，動態感極強；《諸上座帖》書寫速度略
慢，筆劃時而流暢，時而艱澀，動態中時時雜有靜態。其二，

《自敘帖》章法上往往一行一斜到底，似長江一瀉千里；《諸上座帖》一行之中忽而左斜，忽而右斜，曲折多變似黃河九曲，群峰疊起。如果說懷素狂草是以時間的流動帶動空間的流動，那麼黃庭堅草書則是以空間的變換導引時間的流動。清代孫承澤《黃魯直〈諸上座〉》評曰：「此卷……字法奇宕，如龍搏虎躍，不可控御，宇宙偉觀也。然縱橫之極，卻筆筆不放，古人所謂如屋漏痕、折釵腳，此其是矣。」[9]

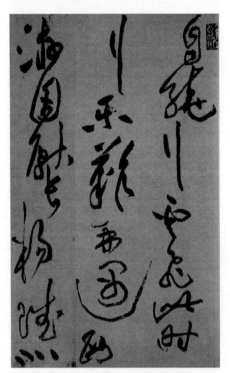

▲ 圖1-49　黃庭堅《李白憶舊遊詩》

《李白憶舊遊詩》（圖1-49），墨蹟本，紙本，狂草書。縱三十九點三釐米，橫四零三釐米。現存五十二行，三百四十餘字。此帖是崇寧三年（1104）黃庭堅謫居宜州所書。原件已流入日本，歸藤井有鄰收藏。李白是唐代浪漫主義詩人，被稱為詩仙、酒仙，黃庭堅特別敬仰其人品、性格和詩風，故常書李白詩以自娛，傳世墨蹟中就有此卷

9　《古書畫過眼要錄》，第275頁。

與《李白秋浦歌十五篇》。明代沈周在此卷跋語中說：「山谷書法晚年大得藏真三昧。此筆精力恍惚，出神入思，謂之草聖宜焉。」[10]此詩卷用筆寓剛於柔，含蓄凝練；結體欹側靈動，收放自如；章法起伏多變，疏朗放縱。書家隨著感情的起伏，審美意趣的顫動，時而將點畫濃縮，用心簡古，筆短意長；時而有意展拓，若天馬行空，豪放縱逸。輕鬆流暢的線條似春柳隨風，沉著痛快的線條如龍蛇飛動。其氣韻清新純樸，秀骨飄然，全無塵俗氣。字裡行間充滿高情逸志，給人以無窮的藝術魅力。

黃庭堅在《跋〈贈元師此君軒詩〉》中對自己晚年草書有過這樣的評述：「近時士大夫罕得古法，但弄筆左右纏繞，遂號為草書耳，不知與科鬥、篆、隸法同意。數百年來，惟張長史、永州狂僧懷素及余三人悟此法耳。蘇才翁有悟處而不能盡其宗趣，其餘碌碌耳。」（《山谷別集》卷十一）黃庭堅如此直言不諱地肯定自己的草書，足見他對草書有深刻的理解和出神入化的駕馭能力。

黃庭堅行書中內收外放的結構、狂草中動中雜靜的章法，體現出作者曠達而又深沉的文人性格。這種性格的形成與宋代「重文輕武」的風尚和積貧積弱的國勢密切相關，文人地位空前提高，待遇隆厚，使文人有了優越感，甚至目空一切，所以進行書法創作時能隨意揮灑，無拘無束；國勢不振，又使他背著沉重的思想包袱，充滿憂患意識，所以在隨意揮灑時又自然而然有所收

---

10 《古書畫過眼要錄》，第 282 頁。

斂。黃庭堅書法中所表現出來的豪氣，只能是宋代文人的豪氣，而不是俠客式的、狂僧式的豪氣。

第四節 ▶ 黃庭堅書法在宋朝的地位及對後世的影響

黃庭堅的書法既繼承了晉唐以來的傳統，又博採眾長，具有他那個時代的特徵，也具有他自己獨特的風格。他的書法成就在宋朝已享有極高的聲譽，成為宋朝書法四大支柱之一。其影響和地位主要表現在以下四個方面：

其一，當時學黃書者蔚然成風。上至帝王，下到百姓。蔡絛《鐵圍山叢談》云：「裕陵作黃庭堅書體，後自成一法。」裕陵即宋徽宗趙佶，他所創立的瘦金體，即在學黃字基礎上發展而成，與黃庭堅《伯夷叔齊墓碑》是一脈相承的。宋高宗趙構登基後，也先學黃字，他的代表作品《佛頂光明塔碑》，就是學山谷風格。宋楊萬裡《誠齋詩話》說：「高宗初作黃字，天下翕然學黃字。」明宋濂《宋學士全集》卷十四《跋高宗賜劉大中御札》也說：「光堯宸翰，初仿黃庭堅，時劉豫亦使人習庭堅書。……今觀《與劉大中御札》，尚類庭堅書，考其歲月，其當在建炎之初耶？」當時學黃書者還有朱敦儒、甘叔異等。甚至於在元祐黨禁黃庭堅墨蹟、碑刻大量被查封銷毀時，還有人學黃書。宋陳師道作有《徐仙書三首》贈給一位名叫徐清的蓬萊女官，說她「書效黃魯直，妍妙可喜」，其中有「肯學黃家元祐腳」，「筆下還為魯直書」等詩句。可見黃書在群眾中影響之大和百姓學黃書之普

遍。

　　其二，宋朝的學者、書家、評論家對黃書評價是很高的。洪朋《洪龜父集》卷下評黃書為：「學書右軍盡善。」李綱《梁溪集》卷一六三《跋山谷草書》稱：「山谷晚年草書之妙，追步古人張顛、懷素。」袁文《甕牖閑評》卷四說：「本朝獨黃太史三點多不作挑起，其體更道麗，一代奇書也。」張孝祥《于湖居士文集》卷二十八《跋山谷帖》認為：「其書又入神品。」龐鑄《山谷透絹帖》云：「熙豐以來推善書，日下無雙黃太史。」（元好問《中州集》卷五）他們把黃庭堅與大書法家王羲之、張旭、懷素並列在一起，書能入神品。所以，徽宗趙佶贊黃書：「如抱道足學之士，坐高車駟馬之上，橫斜高下，無不如意。」（晁公武《郡齋讀書志》卷五下附志）

　　其三，求黃庭堅作書人多。黃庭堅一生所接觸的人大都屬下層官吏及貧苦百姓，特別是晚年，向他學詩求書的人很多，故周必大《文忠集》卷十六《跋黃魯直所書金剛經》有「山谷翰墨滿江南」之說。宋樓鑰《攻媿集》卷七十五《跋黃知命帖》中說：「山谷真跡，中更禁絕，重以兵毀銷爍，而四方得之者甚眾，則知此老所書未易以千億計。」山谷的好友釋惠洪在《石門文字禪》卷二十七《跋山谷字》中寫道：「山谷翰墨妙天下……殆可連城照乘爭價也。」甚至傳說連江神都喜愛他的墨蹟。所以他的從孫（兄弟的孫子）黃撰《豫章先生傳》說：「草書尤奇偉，公歿後，人爭購其字，一紙千金。」

　　其四，出現了仿作。元劉敏中《中庵集》卷十說：「然其書多贗本。」明張丑在《真跡日錄》卷一中說：「法書中有兩本並

佳難分真偽者……宋黃涪翁書《李白秋浦歌》，一在韓城良太史氏，一在董玄宰尚書家。……雖善鑒者，莫能辨其高下矣。」

　　黃書不僅在其生前風靡一時，而且在元、明、清書壇一直享有極高的聲譽。且看歷代學者、書家對黃書的評價：元代元好問《遺山先生文集》卷四十：「蘇黃翰墨，片言隻字皆未名之寶，百不為多，一不為少。」趙孟頫：「黃太史書如高人勝士，望之令人敬歎。」（趙琦美《趙氏鐵網珊瑚》卷五）明代解縉：「清圓妙麗，引繩貫珠。」（楊慎《墨池璅錄》卷三）安世鳳《墨林快事》卷八：「字乃娟秀柔膩，另具風流，然開朗雅崣。」清代馮武《書法正傳》卷八：「書瘦勁波峭，磊落不猶人。」王澍《虛舟題跋》卷七：「山谷老人書多戰掣，筆亦甚有習氣，然超超元著比於東坡，則格律清迴矣，故當在東坡上。」近人康有為《廣藝舟雙楫》卷二十五「行草」云：「宋人之書，吾尤愛山谷。雖昂藏鬱拔，而神閑意穠，入門自媚。若其筆法瘦勁婉通，則多自篆來。吾以山谷為行篆。」[11]《廣藝舟雙楫》卷二十七《論書絕句》之十四自注云：「宋人書以山谷為最，變化無端，深得《蘭亭》三昧。至其神韻絕俗，出於《鶴銘》而加新理，則以篆筆為之。吾目之曰行篆，以配顏、楊焉。」[12]李瑞清：「可以上悟漢晉，下開元明。」（馬宗霍《書林藻鑒》卷九）

　　從眾多的評說中，我們可以看出黃書之深受元、明、清書

11 王伯敏等：《書學集成》，河北美術出版社 2002 年版，第 676 頁。
12 《書學集成》，第 676 頁。

家、評論家的讚賞和稱譽。同時，黃書對後代書法家的影響頗大。元代胡祗遹《紫山大全集》卷十四《跋山谷字》說：「余幼學山谷書，先人之命也。先人嘗曰：『汝高祖善黃書，染楮以屋漏水，人莫辨其真贗，汝當致力。』故僕於黃書，徑窺其門牆。」明代沈周，字仿黃庭堅，字如其畫，瀟灑有致，是明代學黃書的帶頭人。其次是祝允明，祝草書爛漫縱逸，就是宗法懷素、黃庭堅的，而黃字對祝的影響比懷素為大。以後是文徵明，文的草書以王羲之為根基，博采廣取，研于智永、黃庭堅諸家，尤其是晚年，好作黃書，這是受了沈周影響的緣故。其他如李傑，李字法遒勁，就是得法於黃山谷。清代學黃書者有鄭燮、惲格（惲壽平）、郭麔、吳大澂等人，其中以鄭燮受黃書的影響最為突出。鄭燮推崇黃書，從中得力不小，在吸取中進行了巧妙的取捨和再創造。如他畫蘭的筆法吸取黃庭堅的長撇，使之更增強了氣勢。而對黃庭堅的長捺，則大膽舍去，往往在長撇之後，使捺筆略縱即收，戛然而止，做到擒縱適當。鄭燮尊黃庭堅為師，說：「與可畫竹，魯直不畫竹，然觀其書法，罔非竹也。瘦而腴，秀而拔，欹側而有準繩，折轉而多斷續。吾師乎！吾師乎！」（鄭燮《鄭板橋集·題畫》）至於近代，如書畫家李瑞清、吳昌碩、齊白石等，都深得黃庭堅的神韻。

但是，任何事物都有兩個方面，從黃庭堅本人及其書法來說，也有其不足的一面。對於評論家、鑒賞家們來說，由於各人的藝術修養和欣賞趣味不同，評論自然也會各異。所以，對黃庭堅的書學，雖絕大多數人評價很高，但也有一些不同的看法。如宋四家之一米芾，他在《海岳名言》中稱黃庭堅是「描字」。徐

度在《卻掃編》卷中曾說：「予嘗見所藏元章一帖曰，草不可妄學黃庭堅，鍾離景伯可以為戒。」持論與眾截然不同。對「描字」二字，趙孟頫認為不完全是貶義，而是「殊不知米老當日之意，特為二公運筆遲緩而發耳」。（李清鑰《古寶賢堂法書》卷二）蘇東坡亦曾說黃書「筆勢有時太瘦，幾如樹梢掛蛇」。（曾敏行《獨醒雜誌》卷三）明項穆《書法雅言》說：「魯直雖知執筆，而伸腳掛手，體格掃地矣。」這裡所指「如樹梢掛蛇」「伸腳掛手」，均指黃書在創新過程中過分求變、側筆過長而言。最後，有必要指出的是黃庭堅的書法與佛學頗有聯繫。

宋代佛學大盛，佛教徒為表示其虔誠，多喜手寫工整細小、一筆不苟的佛經。同時，寺院題字之風亦盛。黃庭堅早年在家鄉洪州分寧的一段時間，曾拜祖心禪師為師，還得到祖心的幾個大徒弟不少指點，他跟大部分唐、宋文人一樣，也是宗仰禪宗的，並結識了不少有學識的僧人。因此，黃庭堅一生中喜書老宿偈語，也寫了為數眾多的佛經。如《七佛偈》《古德二偈》《香嚴偈》《樂天八字偈》《大慧禪師禮觀音文》《金剛經》《華嚴疏》《頭陀贊》《開堂疏》《提咒》《達摩頌》等。其題名有《題萬松亭》《石門寺題名》《題太平觀壁》《無等院題名》《題固陵寺壁》《題廬山西林寺壁》《禮思大禪師題名》等等。其題字題榜有「巫山榜」「講義堂」「浯溪禪寺」「觀音堂」「南極老人，無量壽佛」等。宗仰禪宗，固然反映了黃庭堅思想上的局限，但所書大量佛經、

題榜，也給我們留下了書法藝術的瑰寶。**13**

　　黃庭堅是一位藝術大師，他在書法理論上有深刻而獨到的見解，他的字個性鮮明，卓立紙上，使人驚心動魄，一見不忘。他與歷史上所有的書法大家一樣，不僅創造了風格獨特的書法精品，更重要的是對後代書法藝術的進一步發展提高起到了引導、推動作用，貢獻巨大，光照千秋。

第五節 ▶ 行書《砥柱銘》真偽之爭

一、《砥柱銘》款式、內容和流傳收藏過程

　　《砥柱銘卷》（圖 1-50）墨蹟本，紙本。縱三十二釐米（0.96尺），長八百二十四釐米（24.72 尺），加上從南宋初到清末的題跋長達六百二十一釐米（18.63 尺），其總長為一四四五釐米（43.35 尺）。全文共六百餘字，內容為抄錄唐代著名諫臣魏徵《砥柱銘》文字，卷上無書寫年款。

　　魏徵《砥柱銘》作於貞觀十一年（637），取「中流砥柱」之寓意。銘文如下：

　　　　維十有一年，皇帝徵天下之十二載也。道被域中，威加

13 參考水賚佑《新俏瘦硬　清雄雅健——淺談黃庭堅書學》，《書法研究》，1986 年總第二十三輯。

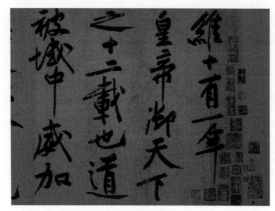

▲ 圖1-50　黃庭堅《砥柱銘卷》

海外；六和同（軌），八荒有截；功成名定，時和歲阜。越二月，東巡狩至於洛邑，肆覲禮畢，玉鑾旋軫；度崤函之險，踐分陝之地；緬維列聖，降望大河；砥柱之峰桀立，大禹之廟斯在；冕弁端委，遠契劉子；禹無閑然，玄符仲尼之歎，皇情乃睠，載懷仰止。爰命有司勒銘茲石祝之，其詞曰：大哉伯禹！水土是職；掛冠莫顧，過門不息；讓德夔龍，推功益稷；櫛風沐雨，卑宮菲食；湯湯方割，襄陵伊始；事極名正，圖窮地里；興利除害，為綱為紀；寢廟為新，盛德必祀；傍臨砥柱，北眺龍門；茫茫舊跡，浩浩長源；勒斯銘以紀績，與山河而永存！

銘文後的跋語云：

魏公有愛君之仁，有責難之義。其智足以經世，其德足

以服物，平生欣慕焉。時為好學者書之，忘其文之工拙，我但見其嫵媚者也。吾友楊明叔，知經術，能詩，喜屬文，吏幹公家如己事。持身清潔，不以詼言以奉於上智；亦不以驕慢以誑於下愚。可告以鄭公之事業者也。或者謂：世道極頹，吾心如砥柱。夫世道交喪，若水上之浮漚；既不可以為人之師表，又不可以為人臣之佐，則砥柱之文座傍，並得兩師焉。雖然，持砥柱之節以奉身；上智之所喜悅，下愚之所畏懼。明叔亦安能病此而改節哉？

從《砥柱銘》卷後題跋、收藏印章看，此卷在宋代時為王厚之、南宋權相賈似道收藏，入明則為著名收藏家項元汴所藏，在明代鑒賞家張丑的《真跡日錄》中有著錄，明天順年間歸黃庭堅十一世族孫黃洵（字公直）所藏。入清則為項源、伍元蕙、羅天池等有名藏家所藏。在清代晚期，此卷一直在廣東地區遞藏流傳，當時嶺南許多收藏家都曾鑒藏和著錄過此卷。二十世紀上半葉從廣東流往日本，為日本京都藤井有鄰館所收藏。直到二〇〇〇年，在臺灣寒舍藝術中心董事長王定黔的協助下，臺灣一位收藏家從日本有鄰館購得，當時價格接近六千萬元。今人劉正成主編的《中國書法全集·黃庭堅卷》中收錄了此卷。

在二〇一〇年六月三日晚舉行的保利五周年春拍會上，這幅傳為黃庭堅書寫的大字行楷書《砥柱銘卷》以三點九億元落槌，加上傭金共計四點三六八億元成交，創造了中國書畫拍賣史新紀錄，引起國內收藏界和書法史界的轟動。保利文化集團有限公司副總經理蔣迎春說：「以前中國藝術品能夠出現千萬元的價格就

覺得很了不起了，今天能夠出現這樣的價格，反映了中國經濟的發展和財富增加帶來的文化藝術品的繁榮，讓人感到振奮。」的確，以前中國藝術品的價格在國際市場上非常低，這次拍賣意味著在中國經濟發展後，中國藝術品的價值也開始得到人們的正確認識，中國藝術品在國際市場的地位也得到了提升。

二、《砥柱銘》拍賣的台前幕後

據楊曉光《〈砥柱銘〉天價拍賣的台前幕後》一文（以下簡稱楊文）描述：

六月三日晚十點四十分，亞洲大酒店，保利公司國際拍賣有限公司（下稱保利公司）春季拍賣會的現場，人滿為患，「站無虛席」。即將拍賣的，是北宋黃庭堅的書法長卷《砥柱銘》，人們等了一晚上，就是為了這一刻的到來。

《砥柱銘》從八千萬起價，馬上受到了多位藏家的追捧。在拍到一點四億時，有買家直接加價一千萬，這也是以前的拍賣中，從未有過的。到二點二億時，場內還不斷有新買家加入。最後的角逐在兩位電話委託者之間展開。他們五百萬、五百萬地飆價，現場的緊張氣氛一度達到了頂點。直到晚上十一點十二分左右，隨著一聲槌響，其中一位以三點九億元（加上百分之十二的傭金，總成交額高達四點三六八億元）拔得頭籌，將《砥柱銘》收入囊中。《砥柱銘》取代了五年前在倫敦佳士得拍出的元青花鬼谷子下山圖罐，成為世界上最貴的中國藝術品。這個新的世界紀錄讓很多人目瞪

口呆，作為拍賣方的保利集團，此時終於鬆了一口氣，大功告成了！

楊文接著寫道：

驚天一拍！這一槌子買賣背後，是一連串鮮為人知的市場運作。

此卷於上世紀初被日本著名的私人博物館藤井有鄰館收藏，後在臺灣寒舍藝術中心董事長王定乾的協助下，於二〇〇〇年流到臺灣藏家手中。臺灣寒舍是一家藝術品經紀公司，圓明園獸首能從一九八七年的十多萬美金飆升至二〇〇〇年的一四〇〇萬港元，就是經過寒舍的操盤。這一次，又經王定乾牽線，由保利公司副總經理趙旭親自徵集，才使《砥柱銘》得以在保利春拍露面。

今年是保利公司成立五周年，為了紀念這個特殊的日子，這一次的春拍顯得格外隆重。從去年開始，保利公司就在全球範圍內開始徵集重量級國寶組織拍賣。此次春拍他們共推出了古代書畫、近現代書畫、古董珍玩、油畫和當代藝術、當代水墨及工藝品、古籍文獻、紅酒等七大門類二十三個專場。彙集了近四千件藝術珍品。而這幅《砥柱銘》，無疑是保利春拍乃至今春全球中國藝術品拍賣市場最重要的一件拍品。

為了《砥柱銘》在中國內地藝術品拍賣市場上的初次亮相，保利公司可謂煞費苦心。早在三月十八日，保利公司就

與遼寧博物館聯合，在保利藝術博物館推出了宋元明清古代
書畫大展。來自遼寧博物館的五十餘件珍品，其中包括宋高
宗的《草書洛神賦卷》、宋代著名畫家徐禹功等所作《梅
花》、明代文徵明的《行書西苑詩》等國寶級文物都悉數登
場。此外，當代著名書畫鑒藏家王己千先生「寶五堂」秘藏
多年的十七件珍貴藏品，也在此次展覽中首次集中面世。其
中包括舉世矚目的元代倪瓚的《詩稿冊》、黃公望《山水軸》
（董其昌題跋）及《洗象圖軸》等。近年來曾在海內外藝術
市場引起巨大轟動的北宋曾鞏《局事帖》，宋徽宗《寫生珍
禽圖》《十八應真圖卷》等一批赫赫名跡，也同時展出。

　　但留心一下，人們不難發現，此次大展的核心目的，正
是為黃庭堅《砥柱銘》上拍造勢。以上諸多國寶級珍品，不
過當了一回陪嫁丫頭，《砥柱銘》才是此次書畫大展的主
角。果然，在展覽舉辦方的精心安排下，這件一直散落民
間，後來又流落到日本的書法長卷，一經展出，就吸引了眾
人的目光。展出期間，保利公司同時通過電視、網路等媒
體，發佈了《砥柱銘》相關資料和將要拍賣此作的消息。

　　出人意料的是，伴隨著公眾對這件作品關注的不斷升
溫，對《砥柱銘》的質疑也越來越多。網上評論《砥柱銘》
的跟帖鋪天蓋地，不少人指出此作存在的問題，甚至直詆此
作為後人偽造，不可能是黃庭堅真跡。

　　鋪天蓋地的質疑聲讓保利公司始料未及，他們必須做出
回應，否則，拍賣即有可能泡湯。保利公司第一時間找到了
遠在香港的黃君實。黃是當代著名的書畫鑒定大家和書法

家，二十世紀八〇年代曾擔任佳士得拍賣行中國書畫部首任
主任，蘇富比拍賣行資深顧問等，在業內頗負盛名。黃君實
不僅肯定了此作為宋朝真品，而且毫不吝嗇讚美之辭，稱其
為「中國內地自有書畫拍賣市場以來出現的第一件特級國
寶」！保利公司還想請他撰文釋疑、回應各種質疑聲音。黃
君實沒有答應。他向保利推薦了自己的學生——中國書法家
協會學術委員會委員黃君（係黃庭堅 35 世孫）。黃老說：
「做這個釋疑工作，他比我更合適。」

　　三月十四日，黃君見到了保利公司總經理李達女士。儘
管之前和黃君實一起，也多次見過李達，但是這一次，李達
見面就問：「對網路上質疑《砥柱銘》的各種不同意見。你
怎麼看？」黃君說：「事出有因，質疑聲全由《砥柱銘》的
特殊性而起。這些問題在我眼裡都不是問題。我可以通過研
究一一解答。」李達遂開誠佈公地請黃君為《砥柱銘》作專
業考證和釋疑，黃欣然允諾。

　　四月五日清明節這天，三萬字的考證、鑒定文章完稿。
這篇題為《魏徵之銘・山谷之書・稀世之寶——論黃庭堅大
字行楷書〈砥柱銘卷〉真跡專論》的文章，被保利公司刊印
在《砥柱銘》的拍賣宣傳畫冊中。令人啼笑皆非的是，保利
公司如此重視此卷的拍賣，又深知對作品真偽的鑒定是拍賣
能否成功的關鍵，可就在這個節骨眼上，他們竟然百密一
疏，在拍賣畫冊中，將黃君先生這篇文章的標題寫成了《魏
徵之銘——黃庭堅大字行楷書〈砥柱銘卷〉》。主標題中竟
然都漏掉了至關重要的八個字，為作品「正名」的迫切和倉

促可見一斑，也讓黃君不勝唏噓感慨。

隨後，保利公司又與國內書法界、書畫界的權威期刊《中國書法》《中國書畫》合作，請他們為《砥柱銘》出版了一期專刊，其主要內容，就是全文刊載黃君和另一位專家傅申先生的鑒定文章。

文章醞釀之初，黃君曾在無意中問過保利公司：「你們請了多少位專家？」保利的答覆是：「只請了你一個人。」直到文章排版、校對時，黃君才得知，保利也請了臺灣的傅申先生。當時保利發現《砥柱銘》的創作時間，黃和傅的鑒定文章結論不一致，於是問黃是否需要修改自己的研究結論。黃君回答說：「不用修改，我有這個信心！」**14**

經過保利公司的苦心運作和傅申、黃君兩位專家的苦心論證，《砥柱銘》終於拍賣成功，一下子成為「世界上最貴的中國藝術品」。

三、《砥柱銘》的真偽之爭

但是天價成交不等於說《砥柱銘》就是真跡，這件長卷因為文字內容、書法風格等方面與黃庭堅其他作品存在差異，所以早在乾隆時期曾經被認為是贗品，有諸多猜疑。特別是在二〇一〇年六月三日晚拍賣會上，這幅長卷竟以四點三六八億元成交，更

---

14 原文見網上資料《張家口晚報》和《文史參考》2010 年 7 月上。

加引發了學術界關於這幅長卷之真偽的激烈爭議。

在這場爭論中，最受人關注的人物是兩個：臺北「故宮博物院」指導委員、臺南大學藝術史研究所博碩士導師傅申先生，中國書法家協會學術委員會委員、黃庭堅三十五世孫黃君先生。兩位先生對黃庭堅書法都進行過長期的研究，都有出色的成果。兩人可稱為「真跡派」的代表。傅申對黃庭堅作品的關注要追溯到四十五年前，一九六五年他在寫碩士論文時，就曾整理蘇東坡、黃庭堅、米芾三家畫論文字而成《宋代文人之書畫評鑒》。一九七六年，他在博士論文《黃庭堅的書法及其貶謫時期的傑作（張大同卷）》中，從用筆和風格兩方面，對《砥柱銘》卷提出了質疑，並且最後在論文中，將其他各卷定位為黃庭堅的基準作，而將《發願文》與《砥柱銘》兩卷定位為疑而不能下定語的「問題作品」。黃君在二〇〇五年出版的《山谷書法鉤沉錄》中，曾經對《砥柱銘》的創作年代和書法風格產生過一些疑問，其中「傳世黃庭堅書法簡表第八〇號：紙本墨蹟《砥柱銘卷》」，將創作年月定於「建中靖國元年（1101）正月」；但在附表三「偽託黃庭堅書法作品簡表五十二號」中，列有「魏元成砥柱銘卷，廣東番禺《海山仙館藏真續刻》，有墨蹟在日本，疑是臨本」。

可是，在二〇一〇年《砥柱銘》正式拍賣之前，傅申、黃君分別接受保利文化集團有限公司的邀請，撰寫長篇專文，為《砥柱銘》辨偽。傅申經過近兩月的密集研究，撰寫了長達萬餘字的學術論文《從遲疑到肯定——黃庭堅書〈砥柱銘卷〉研究》，最終肯定此卷為真跡，並認為《砥柱銘》所表現的是一個青壯時期的黃庭堅書風，應該是黃庭堅早期（約四十歲左右）時的作品。

黃君經過近二十天的密集研究，寫出了長達三萬字的考證、鑒定文章《魏徵之銘·山谷之書·稀世之寶——論黃庭堅大字行楷書〈砥柱銘卷〉真跡專論》，文中打消了以前學術研究中的疑慮，認定眼前這本《砥柱銘》就是黃庭堅的真跡。黃君又根據黃庭堅貶謫黔州後與楊明叔交往的時間進行推論，認為《砥柱銘卷》應是黃庭堅「在黔州居住期間，為砥礪楊明叔學問為人所作，時間約在紹聖三年（1096）接受楊明叔為弟子之後到紹聖五年（1098）三月離開黔州之間。且極有可能是紹聖五年三月離黔州時，為臨別紀念所寫」，是黃庭堅晚年的作品。傅申、黃君兩人的文章均在二〇一〇年五月二十六日刊載於《中國書法》雜誌專刊，兩人都改變了此前存疑的研究結果，一致認定是黃庭堅真跡。但同中有異，傅申認為應該是黃庭堅青壯時期的作品，黃君則認為應是黃庭堅老年時期的作品。把他們兩個「真跡派」的觀點放在一起，他們互相矛盾，信此則否彼，難圓其說，因而遭到很多人的質疑。與傅申、黃君兩人觀點相反的，可稱為「質疑派」，如泉州的著名文物鑒定家裴光輝、現居深圳的書畫鑒定人王乃棟、河南收藏書畫多年的王保良、山東大學藝術學院副教授張傳旭博士等人則認為《砥柱銘》非黃庭堅真跡，而是贗品。

裴光輝是原文化部藝術品評估委員會委員、北大客座文物教授，他自稱通過對數百張高清數碼圖的反復鑒定，認為《砥柱銘》有「八大疑點」：①鑒藏印章乃偽章；②水印章與年代不符；③印章有挖補痕跡；④墨色淡不合宋代風尚；⑤題跋是元代後偽託；⑥「祝」「禮」二字之「示」部寫成「衣」部洩露天機；⑦用筆態勢與所有傳世的黃庭堅書跡不一致；⑧風格缺乏黃書應有

之書卷味。

王乃棟指出《砥柱銘》有「九大漏洞」：①「玄」字不避趙宋先祖趙玄朗之諱（保利公司出版的《砥柱銘》圖冊「玄」字最後一點有明顯被刮去的痕跡）；②風格低俗；③錯字頻仍；④語病露餡；⑤題跋有誤；⑥印章疑雲（王厚之、賈似道的印章明顯是石印，而宋代的印章主要是銅印、玉印、象牙印等，到明代石印才開始流行）；⑦文獻置疑；⑧專家謎團；⑨有鄰館的反證（有鄰館從來不出手公認的真跡，只有對那些真偽還沒有定論的作品才會出手）。

王保良認為《砥柱銘》有三大疑點：①大書法家錯別字連篇；②書長卷卻運筆猶豫、頓澀；③日本有鄰館連鎮館之寶都賣？

張傳旭在二〇〇四年編錄《中國書法家全集·黃庭堅》時，已將《砥柱銘》疑為偽作。二〇一〇年七月十五日，張傳旭撰寫《砥柱銘：從疑偽到存疑》一文，繼續堅持自己的觀點。

裴光輝、王乃棟、王保良三位質疑者的切入點涉及鑒藏印章、墨色、用筆、風格、錯字、題跋、避諱等多個方面，也都言之鑿鑿。給讀者的感覺是他們否定《砥柱銘》是黃庭堅真跡的理由比傅申、黃君肯定《砥柱銘》是黃庭堅真跡的理由更充足。這樣一來，《砥柱銘》真偽之爭只能是熱鬧一時，不可能有結論。

四、筆者的淺見

筆者受條件限制，無法看到《砥柱銘》原物的面貌，只能從網上看到清晰度較好的圖片。現就《砥柱銘》真偽問題談三點看

法：

其一，應以黃庭堅自撰的《砥柱銘跋語》中提到的楊明叔這一人物為線索，推定《砥柱銘》書寫的時間，再客觀地把《砥柱銘》與同一時期的其他真跡進行比較，這是判定真偽的關鍵一步。

關於楊明叔的史料：

宋吳泳《鶴林集》卷三十二《答鄭子辯書》所云，楊明叔是眉山人。（《四庫全書》本）

《山谷別集詩注》卷下：「《明叔惠示二頌》題下注：楊皓字明叔，眉州丹稜人。官於黔中。時山谷遷謫，與之遊從。」（《四庫全書》本）

宋・黃䧦《山谷年譜》卷二十六載：紹聖二年四月（1095），黃庭堅到貶所黔州（今四川彭水）。紹聖四年（1097），黃庭堅在黔州（今四川彭水），楊明叔以詩相贈，黃庭堅作《次韻楊明叔四首》序云：

> 楊明叔惠詩，格律詞意皆熏沐，去其舊習，予為之喜而不寐。文章者，道之器也；言者，行之枝葉也。故次韻作四詩報之，耕禮義之田而深其耒。明叔言行有法，當官又敏於事而恤民，故予期之以遠者大者。

《山谷年譜》卷二十七載：黃庭堅於元符元年（1098）三月離開黔州，三月中到涪陵，六月至戎州（今四川宜賓）。元符三年（1100）十二月離開戎州，離開前寫下《次韻楊明叔見餞十

首》並序，序云：「楊明叔從予學問甚有成，當路無知音，求為瀘州從事而不能得。予蒙恩東歸，用『蛟龍得雲雨，鶚在秋天』作十詩見餞。因用其韻以別。」建中靖國元年（1101）四月到荊南，崇寧元年（1102）在荊南，正月發荊州至巴陵，二月至通城，四月到萍鄉，五月過筠州到江州，過湖口，九月至鄂州，登松風閣。崇寧二年留鄂州，十一月有宜州之命。崇寧三年自潭州，歷衡州、永州、全州、靜江府，以趨貶所。夏天至宜州。崇寧四年在宜州，九月三十日卒於宜州。

從以上《四庫全書》所收的《山谷別集詩注》《山谷年譜》等資料記載可知，楊明叔是眉山人，紹聖二年四月（1095）黃庭堅貶官到黔中（今四川彭水），他正在黔中做官。紹聖四年（1097），他以詩贈黃庭堅，黃庭堅稱他「言行有法，當官又敏於事而恤民」。元符元年（1098）三月黃庭堅離開黔州，三月中到涪陵，六月至戎州（今四川宜賓）。元符三年（1100）十二月黃庭堅離開戎州，離開前寫下《次韻楊明叔見餞十首》回贈給楊明叔，詩序云：「楊明叔從予學問甚有成，當路無知音，求為瀘州從事而不能得。」根據黃庭堅謫居在黔中、涪陵、戎州期間與楊明叔交往的情況，《砥柱銘》只能是寫於一〇九五年至一一〇〇年之間，可能寫於一〇九八年離開黔州時，也可能寫於一一〇〇年離開戎州之前。

黃庭堅的學書經歷，大致可以分為三個階段：第一階段：嘉祐六年至元豐四年（1061-1081），即黃庭堅十七歲至三十七歲為早年時期。第二階段：元豐四年至紹聖元年（1081-1094），即黃庭堅三十七歲至五十歲為中年時期。從紹聖元年至崇寧四年

（1094-1105），即黃庭堅五十歲至六十一歲為晚年時期。

　　黃君推斷《砥柱銘》為黃庭堅晚年的作品，是有可靠的文獻依據的；而傅申認為應該是黃庭堅青壯時期的作品，卻缺乏文獻依據。

　　但是，當我們把《砥柱銘》墨蹟與黃庭堅晚年時期創作的《經伏波神祠詩卷》（1101年寫於湖北荊州）、《松風閣詩卷》（1102年寫於湖北鄂州）、《范滂傳》（1105年寫於宜州）三幅名作相比，就會覺得《砥柱銘》從用筆到風格、氣骨都差之甚遠，不像黃庭堅晚年的作品。

　　關於《砥柱銘》墨蹟用筆和風格的特點，傅申在一九七六年撰寫的博士論文《黃庭堅的書法及其貶謫時期的傑作〈張大同卷〉》中的剖析是客觀、細緻而深刻的。他說：一是從用筆看，《砥柱銘》在用筆速度比其他行楷都要快速，出鋒尤為爽利迅疾，多縱而少擒，絕無代表性的戰顫波折，線質偏於扁薄，在筆法的比較上，雖然三點水及系字的偏旁，其特殊的結構和慣性都與標準品一致，而最明顯的不同是在捺筆的出鋒與造型都似利刃一般，而且時常在重按後提筆出鋒的形成有棱角的三角形，例如：天、之、合等字。另外是在：也、軌、荒、邑等字的末筆上拋鉤，也出現在橫筆末端，往往先重壓後上挑，有分段性的用筆，往往形成三角形。這些特徵是在基準作品中少見的。二是從風格看，有鄰館本《砥柱銘》是比較年輕而有俊氣灑脫的氣象，卻與《山谷題跋》卷六中寫給楊明叔的《題魏鄭公砥柱銘後》本，末後的紀年為晚年的「建中靖國元年（1101）」有不相合之處。如果有鄰館本《砥柱銘》書寫於建中靖國元年（1101），與

《經伏波神祠詩卷》寫於同年，並列於《寒山子龐居士詩卷》及《贈張大同卷》等的後面，其風格是格格不入的，是絕不符合風格發展的規律，因為它毫無山谷晚年凝重渾厚的用筆。傅申一九七六年的觀點概括起來就是，有鄰館本《砥柱銘》的用筆「快速，出鋒尤為爽利迅疾，多縱而少擒，絕無代表性的戰顫波折」，「毫無山谷晚年凝重渾厚的用筆」；風格「是比較年輕而有俊氣灑脫的氣象」，與《經伏波神祠詩卷》等晚年名作的風格格格不入，「絕不符合風格發展的規律」。從傅申對《砥柱銘》墨蹟解剖中所得出的結論看，黃君推斷《砥柱銘》為黃庭堅晚年的作品這一觀點又難以站住腳。傅申、黃君兩人的觀點始終是矛盾的，無法統一，因而認為《砥柱銘》是黃庭堅真跡這一結論就有違心之嫌，就不可靠，不能成立。

其二，南宋汪應辰的跋語是《砥柱銘》真偽之爭中的一個重要的「結」。汪應辰（1119-1176），出生於黃庭堅去世（1105）後第十五年（1119）。孝宗即位後，汪應辰曾以敷文閣直學士任四川制置使，知成都府。乾道四年（1168），汪應辰任成都知府時，將所收集到的蘇軾書法作品分三十卷，刻於府治西樓下，故名《西樓蘇帖》。汪氏離蘇軾、黃庭堅生活年代不遠，按常理，他在收集蘇軾書法作品的同時，不可能不關心黃庭堅書法。他在成都刻《西樓蘇帖》時，離黃庭堅去世只有六十四年。這一細節，傅申、黃君的文章中都未提及，不知何故。汪應辰為《砥柱銘》所寫跋語云：「此魯直元祐間字也。晚年筆劃始成就，每每追悔少作。此如蒹葭蒼蒼，非不茂盛，要須白露為霜，落其英華，然後為材之成耳。紹興辛未三月一日玉山汪應辰書。」紹興

辛未年即紹興二十一年（1151），離黃庭堅去世僅四十六年。按照考據學的常理，汪應辰對《砥柱銘》作品創作時間的斷定應該說比後來任何人都更加可靠，對汪應辰的說法很難輕易否定。如果汪應辰的跋語是可靠無疑而非後人偽造的，那麼黃君的觀點顯然站不住腳。

其三，從文字書寫的角度看，《砥柱銘》在對一些字的安排上的確存在明顯問題。一是不該補筆的地方補上一點，如「土」「源」「軌」三字；二是有些部件明顯寫錯了，如「禮」「祝」二字的左邊偏旁，「桀」的左上部件，「跡」字的走之旁，這些都是硬傷。黃庭堅是飽學之士，是很嚴謹的書法家，《砥柱銘》中出現這樣的情況，非常離譜，不合常理。據此而認為《砥柱銘》非黃庭堅真跡，證據本身是可靠的。

其四，質疑派的困惑在於，雖然懷疑《砥柱銘》非黃庭堅的真跡，是贗品，但作偽者究竟是哪個朝代的人，姓甚名誰，卻無法判定。而從閱讀和收藏者的角度看，人們總希望任何一幅作品都有它的創作者，有個歸宿。當一幅作品的真假問題疑而不決的時候，人們寧可退而求其次，把它置於某個久負盛名的大師名下，而又謹慎地用「傳為某某書」這樣的表述方式。如果一件「傳為某某書」的作品藝術上精美至極，人們都會把它作為著名的法帖。例如草書名帖《古詩四帖》，啟功先生運用避諱學的知識鑒定是宋初大中祥符年間以後的人偽造的。[15]徐邦達先生《古

15　《啟功論書絕句百首》，榮寶齋出版社 1995 年版。

書畫偽訛考辨》中也認為張旭《古詩四帖》是贗品。但人們還是願意把它置於張旭名下，作為張旭的代表作和狂草的名帖。可見關於書畫作品真偽的爭論是極其正常的事情，也是一種極有趣的文化現象。

平心而論，從書法藝術的角度看，《砥柱銘》不是最好的作品。因此可以斷言，不管《砥柱銘》是黃庭堅真跡還是贗品，對黃庭堅在中國書法史上的地位沒有絲毫影響。黃庭堅在書法史上的地位早已由他的行書代表作品《經伏波神祠詩》《松風閣詩卷》《范滂傳》和草書代表作品《李白憶舊遊詩卷》《諸上座帖》《廉頗藺相如列傳》等牢固地奠定了。

江西文庫 A0701B09

贛文化通典（書畫卷） 上冊

主　　編	鄭克強
版權策畫	李　鋒
責任編輯	楊家瑜
發 行 人	陳滿銘
總 經 理	梁錦興
總 編 輯	陳滿銘
副總編輯	張晏瑞
編 輯 所	萬卷樓圖書股份有限公司
排　　版	菩薩蠻數位文化有限公司
印　　刷	維中科技有限公司
封面設計	菩薩蠻數位文化有限公司

出　　版　昌明文化有限公司

桃園市龜山區中原街 32 號

電話　(02)23216565

發　　行　萬卷樓圖書股份有限公司

臺北市羅斯福路二段 41 號 6 樓之 3

電話　(02)23216565

傳真　(02)23218698

電郵　SERVICE@WANJUAN.COM.TW

大陸經銷　廈門外圖臺灣書店有限公司

　　電郵　JKB188@188.COM

ISBN 978-986-496-223-5

2018 年 1 月初版

定價：新臺幣 360 元

如何購買本書：

1. 轉帳購書，請透過以下帳戶

　合作金庫銀行 古亭分行

　　戶名：萬卷樓圖書股份有限公司

　　帳號：0877717092596

2. 網路購書，請透過萬卷樓網站

　　網址 WWW.WANJUAN.COM.TW

大量購書，請直接聯繫我們，將有專人為您

服務。客服：(02)23216565 分機 610

如有缺頁、破損或裝訂錯誤，請寄回更換

國家圖書館出版品預行編目資料

贛文化通典. 書畫卷 / 鄭克強主編. -- 初版.
-- 桃園市：昌明文化出版；臺北市：萬卷
樓發行, 2018.01

　冊；　公分

ISBN 978-986-496-223-5(上冊 ： 平裝). --

1.書畫史　2.江西省

672.408　　　　　　　　　107002005

本著作物經廈門墨客知識產權代理有限公司代理，由江西人民出版社授權萬卷樓圖書
股份有限公司出版、發行中文繁體字版版權。

本書為臺灣師範大學國文學系產學合作成果。　　　校對：林紅均